RÉPONSE

A UN MÉMOIRE

PUBLIÉ A LA MARTINIQUE

PAR M. LEFORT,

PREMIER MÉDECIN EN CHEF DE LA MARINE, MÉDECIN DU ROI A LA
MARTINIQUE, ETC. ;

AYANT POUR TITRE :

*DE LA SAIGNÉE ET DU KINKINA DANS LE TRAITEMENT
DE LA FIÈVRE JAUNE*,

ET POUR ÉPIGRAPHE :

Quàm sit dispar exitus !

PAR M. GUYON.

Experientia fallax.
Hipp.

PARIS.

IMPRIMÉ CHEZ PAUL RENOUARD,
RUE GARENCIÈRE, N° 5.

1826.

Te 31

RÉPONSE

A UN MÉMOIRE

PUBLIÉ

A LA MARTINIQUE.

RÉPONSE

A UN MÉMOIRE

PUBLIÉ A LA MARTINIQUE

PAR M. LEFORT,

PREMIER MÉDECIN EN CHEF DE LA MARINE, MÉDECIN DU ROI A LA
MARTINIQUE, ETC.,

AYANT POUR TITRE :

*DE LA SAIGNÉE ET DU KINKINA DANS LE TRAITEMENT
DE LA FIÈVRE JAUNE,*

ET POUR ÉPIGRAPHE :

Quàm sit dispar exitus !

PAR M. GUYON.

Experientia fallax.
HIPP.

PARIS.

IMPRIMÉ CHEZ PAUL RENOUARD,
RUE GARENCIÈRE, N° 5.

1826.

RÉPONSE

A UN MÉMOIRE

PUBLIÉ

A LA MARTINIQUE.

Nous avons publié, dans le Journal de la Martinique du 1er novembre 1825, quelques *Notes* ou *Propositions* sur la thérapeutique de la fièvre jaune. Ces *Notes* ou *Propositions* ont fourni à M. Lefort le sujet du *Mémoire* auquel nous répondons.

« Ces Notes de M. Guyon, dit M. Lefort (p. 6),
« eu égard au temps et aux circonstances où
« elles ont été produites, ne peuvent manquer
« de donner lieu à plus d'un genre de réflexions.
« Avant de faire connaître les nôtres par la voie
« qui a servi à M. Guyon, nous avons voulu at-
« tendre la fin de l'hivernage, c'est-à-dire l'en-
« tière cessation d'une maladie terrible. »

Est-ce bien parce que M. Lefort ne voulait pas

faire connaître ses *Réflexions* avant *la fin de l'hivernage*, qu'il ne les a publiées que dans les derniers jours d'avril (1), c'est-à-dire six mois après *la fin de l'hivernage* (2)? Quoi qu'il en soit, remarquons qu'il n'aurait pu les publier avant *la fin de l'hivernage*, les *Notes* qui lui en ont fourni le sujet n'ayant paru que le 1er novembre, c'est-à-dire quinze jours après *la fin de l'hivernage*.

« Nos lecteurs, ajoute M. Lefort (p. 6), sans
« que nous en disions ici la raison, la devine-
« ront de reste ; et plus d'un, sans nul doute,
« nous en saura gré. »

Nos lecteurs ne verront dans *la raison* que M. Lefort nous donne à deviner, qu'une excuse du retard qu'il a mis à publier ses *Réflexions* ; *et plus d'un, sans nul doute*, ne lui saura pas de cette *raison* le gré que M. Lefort voudrait qu'on lui en sût.

« Comme toutes ces notes, dit M. Lefort (p. 7),
« sont manifestement écrites dans le double but
« de décrier l'emploi de la saignée et de justifier
« celui du kinkina dans le traitement de la fiè-
« vre jaune, c'est à l'examen de ce point princi-

(1) Bien que le Mémoire de M. Lefort porte la date du 1er mars, il n'a paru que dans les derniers jours d'avril.

(2) L'hivernage comprend un laps de temps de 3 mois, qui s'étend du 15 juillet au 15 octobre.

« pal de la question, que nous allons plus spé-
« cialement nous attacher. »

Ces *Notes* ont été écrites dans le seul but d'exprimer notre opinion sur la valeur de quelques
agens thérapeutiques dans le traitement de la
fièvre jaune. En les écrivant, nous étions loin
d'y attacher l'importance qu'elles allaient avoir
dans l'esprit de M. Lefort. Il est vrai qu'elles at-
taquaient toutes ses idées sur la nature et le traitement d'une maladie qu'il voyait depuis long-
temps, et qu'il devait croire d'autant mieux connaître, qu'il en avait fait l'objet d'une étude par-
ticulière.

« La saignée et le kinkina, dit M. Lefort
« (p. 7), ayant une action diamétralement
« opposée sur l'économie animale, il s'ensuit
« que si, dans un cas donné de fièvre jaune, l'un
« soulage, allège les douleurs et guérit, l'autre,
« dans le même cas, fatigue, accable et tue. »

La saignée affaiblit et le kinkina fortifie. Sous
ce rapport, la saignée et le kinkina exercent sur
l'économie animale une action diamétralement
opposée. Mais, outre cette action diamétralement opposée que la saignée et le kinkina exercent sur l'économie animale, chacun de ces
moyens y exerce encore des actions qui lui sont
propres. Or, si, dans la fièvre jaune, l'indication n'était ni d'affaiblir ni de fortifier, de ce

que, *dans un cas donné de fièvre jaune*,
l'un de ces moyens soulagerait, allégerait les
douleurs, et guérirait, il ne s'ensuivrait pas
que l'autre, *dans le même cas*, dût fatiguer,
accabler et tuer. Et chose digne de remarque,
c'est que, dans la fièvre jaune, l'indication pour
M. Lefort ne serait peut-être ni d'affaiblir ni de
fortifier, puisqu'il dit que « ce n'est point en
« considérant la force et la faiblesse d'une manière
« générale, comme deux êtres également ré-
« pandus dans le système de notre économie,
« et se partageant toutes les maladies, qu'on peut
« se flatter de les traiter convenablement (p.41). »

« Il s'est opéré depuis vingt à vingt-cinq ans, dit
« M. Lefort (p.7), une grande révolution en méde-
« cine. Elle est le résultat de l'étude plus générale et
« mieux approfondie de l'anatomie, de l'anatomie
« pathologique surtout, et de la physiologie. La
« doctrine fondée sur la connaissance de ces deux
« parties si intimement liées entre elles, se nom-
« me médecine physiologique, et cette doctrine
« est devenue générale dans l'enseignement et
« dans la pratique. C'est cependant elle que
« M. Guyon fait profession d'estimer si peu. »

Bien que partisan de la liberté de la pensée,
M. Lefort souffre difficilement qu'on ait une opi-
nion différente de la sienne. Quoi qu'il en soit,
M. Lefort, qui nous accuse d'estimer *si peu* la

Médecine physiologique, ne l'estime pas à un tel point, cette médecine, qu'il n'en parle quelquefois avec beaucoup d'irrévérence. Et si vous en vouliez la preuve, écoutez ce qu'il dit à l'occasion des heureux résultats qu'il obtient du sulfate de kinine dans une maladie que, pour le moment, nous nous abstiendrons de nommer : « Ces heureux résultats du sulfate de kinine, dit « M. Lefort, déconcertent un peu quelques jeu- « nes médecins partisans trop absolus de la doc- « trine physiologique, au moyen de laquelle ils « ont la vaniteuse prétention de vouloir tout « expliquer. Comment ce remède agit-il sur l'es- « tomac? Est-ce comme tonique, stimulant, ré- « vulsif, stupéfiant, etc., etc. ? Eh ! qu'importe , « messieurs, son mode d'action ? Cette action « salutaire, vous ne pouvez le nier, est un fait, « et l'impossibilité même d'expliquer plausible- « ment ce fait, n'ôte rien à sa certitude. La phy- « siologie pathologique et la physiologie théra- « peutique, nonobstant les progrès que l'une « et l'autre ont faits dans ces derniers temps, « ont encore, convenons-en franchement , leurs « obscurités, leurs mystères (p. 34). »

Au reste , nous déclarons, contre l'assertion de M. Lefort, estimer beaucoup la *Médecine physiologique.*

« Adonné par goût, dit M. Lefort (p. 8), à

« l'étude des sciences naturelles, dont il suit les
« progrès, il semble vouloir rester étranger à
« ceux de la doctrine physiologique, ou plutôt
« il partage contre elle les préventions qu'elle
« inspire aux vieux médecins, qui n'aiment point
« à avoir à *désapprendre.* »

Dans les premiers temps de notre séjour aux
Antilles, c'est-à-dire à une époque où la *doctrine
physiologique* n'était point encore connue, nous
nous étions formé de la fièvre jaune une idée
en tout semblable à celle que la *doctrine physiologique* nous en donne aujourd'hui : n'étant
pas heureux dans l'application que nous en fai-
sions au traitement de la maladie, et nos recherches cadavériques ne nous offrant rien qui pût
la justifier, nous avons été naturellement conduits à y renoncer.

« Les médecins de la nouvelle école, dit M. Le-
« fort (p. 8), n'imaginent point une maladie
« sans lésion d'un ou de plusieurs organes, et
« ils voient dans toutes les fièvres, quels que
« soient leurs types, une irritation, une inflam-
« mation de la membrane muqueuse de l'esto-
« mac, de l'intestin, etc., et c'est ainsi qu'ils
« considèrent la fièvre jaune. Nous verrons plus
« tard que cette maladie offre des lésions de
« la même nature sur bien d'autres points.
« M. Guyon ne veut rien voir de semblable dans
« la fièvre jaune. »

Nous ne voyons dans la fièvre jaune aucune lésion d'organes de nature inflammatoire. Quant aux rougeurs que peuvent présenter les organes, et qui sont pour nous absolument étrangères à la cause de la maladie (1), nous ne voyons dans ces rougeurs qu'une stagnation ou infiltration de sang que nous rapportons (2), de même que les exhalations sanguines qu'on observe aussi dans la fièvre jaune (3), à l'état d'atonie dont sont frappés les vaisseaux capillaires dans le second temps de la maladie (4). Deux remarques

(1) *Les altérations qu'on observe après la mort*, dit Vicq d'Azyr, *ne sont, dans un grand nombre de cas, que des effets secondaires du vice primitif.* (Discours sur l'Anatomie.)

(2) C'est au sang stagnant ou infiltré dans les tissus cellulaire et cutané qu'il faut rapporter ces marbrures dont l'apparition précède toujours celle de l'ictère, ictère que M. Kéraudren compare avec raison « à la couleur jaune que prend la peau dans les contusions. » (*De la fièvre jaune observée aux Antilles et sur les vaisseaux du Roi, etc.*)

(3) M. Kéraudren fait, au sujet de l'exhalation sanguine qui constitue le vomissement noir, une remarque fort importante, c'est que « toute exhalation sanguine s'oppose par elle-même à « l'engorgement inflammatoire (*Op. cit.*). » C'est une des objections sans nombre qu'on peut opposer aux médecins qui ne voient dans la fièvre jaune qu'une gastrite, ou une gastro-entérite.

(4) Comment ne pas admettre un état d'atonie des vaisseaux capillaires dans le second temps de la maladie, lorsqu'on voit le sang s'échapper comme d'un crible de tous les points des systèmes muqueux et cutané, pour constituer de ces hémorragies que l'art tente vainement d'arrêter, et qui ont fourni à M. Kéraudren le sujet de rapprochemens fort judicieux entre la fièvre jaune et le scorbut?

nous paraissent propres à étayer cette opinion sur la nature des rougeurs que peuvent présenter les organes : la première, c'est qu'elles manquent généralement chez les sujets dont la masse du sang se trouve diminuée d'une manière quelconque (1) ; la seconde, c'est qu'il est possible de les faire disparaître chez les sujets qu'on ouvre peu de temps après la mort, en donnant issue au sang contenu dans le cœur et les gros vaisseaux (2).

« Il se la représente, dit M. Lefort (p. 8), comme
« un être isolé de la matière, comme un être
« malin répandu dans tout le système, sans affecter
« aucun organe en particulier. C'est une fièvre
« pernicieuse qui n'a son siège nulle part, une
« altération, une atteinte portée au principe vi-
« tal, à la force qui préside à la vie. En un mot,

(1) Nous n'en avons trouvé aucune trace chez des femmes qui avaient été prises par la fièvre jaune, les unes pendant la période menstruelle, les autres dans le cours de pertes utérines considérables ; chez des militaires qui avaient été pris par la fièvre jaune immédiatement après des blessures dans lesquelles l'ouverture de vaisseaux importans avait donné lieu à des hémorragies syncopales ; chez des malades qui avaient été soumis à un traitement anti-phlogistique énergique, notamment chez deux malades de M. Lefort dont nous aurons occasion de parler, le capitaine Baude et le sergent-major Village ; chez des phthisiques, des dyssentériques, des leucophlegmatiques, etc., etc., qui avaient été pris par la fièvre jaune pendant leur séjour dans les hôpitaux.

(2) C'est ainsi que nous sommes parvenus à donner à la mu-

« M. Guyon, dont nous venons de rendre les
« idées et, en quelque sorte, les expressions sur
« la nature de la fièvre jaune, réalise de pures
« abstractions. »

De ce que nous ne voyons dans la fièvre jaune
aucune lésion d'organes de nature inflammatoire,
s'ensuit-il que nous devions nous la représenter
*comme un être isolé de la matière, comme un
être malin répandu dans tout le système, comme
une fièvre pernicieuse qui n'a son siège nulle part,
comme une altération, une atteinte portée au
principe vital, à la force qui préside à la vie ;*
que nous devions, en un mot, réaliser *de pures
abstractions?* Les lésions d'organes de nature inflammatoire, sont-elles donc les seules qui puissent exister dans les maladies ? Sont-elles de nature inflammatoire, par exemple, les lésions
d'organes qu'il nous faut admettre dans toutes
les maladies dites *nerveuses,* c'est-à-dire dans toutes les maladies dont le caractère commun est de
n'offrir aucune lésion appréciable à nos moyens
actuels d'investigation? Et si nous ne voyons pas
dans la fièvre jaune des lésions d'organes de nature inflammatoire, ne pourrions-nous pas y
voir des lésions d'organes d'une autre nature?

queuse des voies digestives toute la blancheur qu'elle a chez les
décapités.

Et comme les organes seulement ne composent pas l'économie animale, que les fluides concourent avec les organes à cette composition, que les fluides comme les organes sont susceptibles de lésions(1), ne pourrions-nous pas voir aussi dans la fièvre jaune des lésions de fluides (2)? Or, et pour dire notre pensée tout entière sur la nature de la fièvre jaune, nous voyons tout à-la-fois dans cette maladie, et des lésions d'organes et des lésions de fluides (3). L'admission de ces deux genres de lésions nous paraît nécessaire à l'explication des phénomènes de la maladie, de même qu'elle nous paraît nécessaire à celle des

(1) *On a exagéré sans doute*, dit Bichat, *la médecine humorale ; mais elle a des fondemens réels ; et, dans une foule de cas , on ne peut disconvenir que tout doit se rapporter aux vices des humeurs.*

(2) Les anciens médecins des Antilles faisaient consister la fièvre jaune dans une ʃaltération du sang. Des expériences faites il y a peu d'années , par un physiologiste de l'école de M. Magendie, sembleraient venir à l'appui de cette opinion , nous voulons parler des expériences de M. Gaspard, qui a déterminé chez des animaux, dans les veines desquels il avait injecté des liquides putréfiés, plusieurs phénomènes qu'on observe dans la fièvre jaune , et notamment le vomissement noir.

(3) *Une théorie exclusive de solidisme ou d'humorisme*, dit Bichat, *est un contre-sens pathologique , comme une théorie dans laquelle on mettrait uniquement en jeu les solides ou les fluides, en serait un physio-logique.* Cette proposition de Bichat ne prend-t-elle pas le rang des vérités les mieux établies depuis que des recherches microscopiques et chimiques tendent à prouver l'identité de composition entre les solides et les fluides ?

phénomènes de l'empoisonnement par certains poisons végétaux, des accidens produits par le venin des reptiles venimeux et des animaux enragés, etc. C'est aux sciences physiques, lorsqu'elles auront atteint le degré de perfection vers lequel elles tendent toutes, à confirmer ou à infirmer cette opinion.

« Trompé, dit M. Lefort (p. 9), sur les apparences
« des symptômes, et confondant l'oppression
« qui se montre avec des phénomènes à-peu-
« près semblables à ceux qui caractérisent la
« diminution des forces, il n'a vu d'indication
« première à remplir, dans le traitement de la
« fièvre jaune, que celle de relever les forces par
« le kinkina. »

Nous ne voyons dans la fièvre jaune ni sthénie ni asthénie. *L'indication première* que nous voyons à remplir dans cette maladie n'est donc point de *relever les forces.* Quant à l'emploi que nous y avons fait du kinkina, rappelons à M. Lefort que la propriété de *relever les forces* n'est pas la seule qu'on reconnaisse au kinkina. Ce n'est pas seulement ici, comme on le verra par la suite, que M. Lefort nous prête des idées que nous ne pouvons avoir.

« Les succès du kinkina, dit M. le Lefort (p. 9),
« dans des fièvres que M. Guyon regarde
« comme analogues à la fièvre jaune, et par

« extraordinaire peut-être dans quelques cas de
« la fièvre jaune elle-même , et le non - succès
« de la saignée dans quelques autres cas, auront
« sans doute contribué à former son opinion sur
« la vertu du kinkina dans la fièvre jaune , et
« cette opinion paraissait être chez lui une véri-
« table conviction. »

Si nous avons jamais eu *une véritable conviction* sur l'utilité ou le danger de quelque agent
thérapeutique dans la fièvre jaune , c'est bien
sur le danger de la saignée pratiquée d'après ce
précepte de M. Lefort : « Saignez largement une,
« deux et même trois fois au moment de l'in-
« vasion (p. 48). » Cette conviction, nous la
partageons avec tous les anciens praticiens de la
Martinique, qui ne cessent de déplorer l'entêtement que met M. Lefort à suivre un mode de
traitement réprouvé par l'expérience.

« Ses rapports de service , dit M. Lefort
« (p. 9), et ses liaisons avec un grand nom-
« bre d'Européens..... tout , dans M. Guyon ,
« semblait fait pour inspirer la confiance à ce
« qui l'entourait. Un cas heureux, au début de
« l'hivernage, parut y mettre le comble. »

Ce *cas heureux* est un cas de fièvre jaune dans
lequel nous avions employé le kinkina d'après
une méthode que nous aurons bientôt occasion
de faire connaître. Nous prévenons , une fois

pour toutes, qu'il n'entre pas dans nos vues de défendre, cette méthode , mais seulement de justifier l'emploi que nous en avons fait. Cette réserve nous est d'ailleurs prescrite par le doute où nous sommes si c'est plutôt à l'art qu'à la nature qu'il faut rapporter les guérisons que nous avons observées sous son influence. « On « aura, dit un des médecins les plus célèbres de « notre époque (1), éternellement raison de dou- « ter des effets salutaires qu'ont paru produire « certains remèdes , quand on ne saura pas distin- « guer ce qui appartient au médecin de ce qui « appartient à la nature. »

« Dès-lors , dit M. Lefort (p. 9), il ne fut « plus question que du kinkina. C'était l'an- « tidote assuré de la fièvre jaune........ La « saignée devint en abomination , et les mé- « decins qui la prescrivaient........ Vraiment ces « pauvres médecins eurent un rude moment à « passer ! »

Ce *rude moment à passer* a réellement existé dans l'esprit de M. Lefort. Dans ce *rude moment,* M. Lefort semblait redouter quelque chose du grand nombre d'Européens avec lesquels nous avions des *rapports de service et des liaisons,* c'est-à-dire du grand nombre d'Européens com-

(1) Alibert, *Elémens de thérapeutique et de matière médicale.*

posant les différens corps de troupes de la garnison. *Ses rapports de service et ses liaisons* avec l'autorité locale ne le rassuraient pas. Il lui manquait une phalange de combattans. Il avait bien un colonel, mais un colonel sans troupes.... M. Lefort ne voit rien de sang-froid. Sa vive imagination lui fait exagérer tout. C'est un malheur pour la science.

« Bientôt, dit M. Lefort (p. 10), l'occasion,
« ou plutôt la nécessité d'agir sur une plus
« grande échelle se présenta, on eut une médecine
« de comparaison, et alors les choses se présen-
« tèrent à tous les yeux sous leur véritable point
« de vue. »

La médecine de M. Lefort se faisait dans un hôpital, et la nôtre dans le civil. Or, en admettant, comme M. Lefort cherche à l'insinuer, que la médecine de comparaison dont il parle eût été à son avantage, est-il possible d'établir pour les résultats, et surtout dans une maladie dont la marche est aussi rapide que celle de la fièvre jaune, quelque rapprochement entre une médecine faite dans un hôpital et une médecine faite dans le civil? Certes, sur ce point, nous pourrions en appeler aux médecins de toutes les doctrines.

« Ceux, dit M. Lefort (p. 10), qui ne tom-
« bèrent pas tout d'abord victimes de leur

« engoûment ; ceux-là même qui s'étaient mon-
« trés si aveuglément passionnés pour le kinkina,
« et si cruellement prévenus contré la saignée,
« s'en remirent de leur sort à ces mêmes méde-
« cins qui ne voyaient de salut pour eux que
« dans la saignée. »

Pour raconter les choses telles qu'elles se sont
passées, et telles qu'elles devaient se passer,
M. Lefort aurait pu dire : Médecin en chef d'un
hôpital à-la-fois militaire et maritime, les militaires et les marins de la garnison, *ceux-là même
qui s'étaient montrés si aveuglément passionnés
pour le kinkina, ét si cruellement prévenus contre
la saignée*, n'en furent pas moins, en exécu-
tion des Réglemens, conduits dans mon hôpital lorsqu'ils tombèrent malades.

« Cette conversion en sens contraire, dit
« M. Lefort (p. 10), dans l'opinion qui exal-
« tait le kinkina était inévitable, et nous l'avions
« hautement prédite au fort même de son triom-
« phe éphémère. »

M. Lefort voudrait-il nous dire si, depuis sa
prédiction, il a vu s'accroître à la Martinique le
nombre des médecins qui saignent dans la fièvre
jaune ? Voudrait-il nous dire si, depuis sa prédiction, il connaît à la Martinique d'autres médecins qui saignent dans la fièvre jaune, que lui,
M. Lefort, et les quelques médecins qui exécu-

tent ses ordonnances, c'est-à-dire les quelques officiers de santé employés sous ses ordres (1)? Voudrait-il nous dire si, depuis sa prédiction, la saignée, dans le traitement de la fièvre jaune, est plus employée à l'hôpital de Saint-Pierre, l'un des deux hôpitaux de l'île, qu'elle n'y était avant sa prédiction (2)?

« Les faits, dit M. Lefort (p. 11), qui ont « invariablement fixé dans tous les esprits la va- « leur du kinkina et celle de la saignée, sont,

(1) L'un de ces officiers de santé, le premier de tous d'après la hiérarchie des grades, nous disait, en voyant mourir de la fièvre jaune un militaire qu'il avait copieusement saigné dès le début et dans le cours de la maladie : *Je commence à croire que la saignée ne convient pas trop dans cette maladie.* Le militaire dont il est question se nommait Radix, il était brigadier de la gendarmerie royale; entré à l'hôpital de M. Lefort le 4 juin, il y est mort le 7.

Un autre de ces officiers de santé, Duveau est son nom, a écrit à son chef une lettre que ce dernier a cru devoir insérer dans le *Mémoire* auquel nous répondons. Si nous ne consacrons pas quelques lignes à l'examen de cette lettre, M. Lefort, sans doute, nous en saura autant gré que son Auteur.

(2) Le médecin en chef de l'hôpital de St.-Pierre, M. Gaubert, traite la fièvre jaune depuis plus de 30 ans. Au besoin, nous pourrions prouver que les pertes de ce médecin ne sont pas plus considérables que celles de M. Lefort. Une observation que nous avons faite dans son hôpital, et qui nous paraît propre à jeter quelque jour sur le mode d'action de la saignée dans la fièvre jaune, c'est que nous n'y avons jamais vu, comme dans celui de M. Lefort, mourir des malades auxquels il fût survenu des parotides, des furoncles ou autres éruptions cutanées.

« hélas ! trop nombreux. Par eux, il est démon-
« tré que les trois quarts de ceux qui ont été sai-
« gnés dans la fièvre jaune, guérissaient, et que
« le kinkina, employé même au début de la ma-
« ladie, produisait généralement les plus funes-
« tes effets ? »

A cette opinion de M. Lefort sur la valeur de
la saignée et celle du kinkina dans la fièvre jaune, nous opposerons l'opinion de quelques médecins dont l'autorité n'est pas plus à dédaigner
que celle de M. Lefort :

1° *De la saignée.* « La saignée, disent MM. Bally,
« François et Pariset (1), membres de la com-
« mission envoyée à Barcelone en 1821, la
« saignée, si souvent pratiquée sans succès aux
« Antilles, a paru dangereuse aux médecins de
« Barcelone et à nous, malgré l'apparence de
« turgescence qui peut en imposer à l'inexpérien-
« ce, surtout chez les sujets jeunes et robustes.
« Si les émissions sanguines ont semblé indi-
« quées à quelques médecins, c'est qu'ils ont été,
« comme nous, trompés par l'idée d'un état in-
« flammatoire réel, annoncé par l'orgasme appa-
« rent du système vasculaire, orgasme qui n'est
« point l'effet d'une réaction des forces vitales,

____

(1) Histoire médicale de la fièvre jaune observée en Espagne,
et particulièrement en Catalogne, etc., pag. 578.

2

« mais bien du désordre déjà introduit dans tou-
« tes les fonctions. Aussi, cette fausse démon-
« stration de forces cède bientôt pour faire place
« à une prostration du pouls, que rien ne peut
« désormais relever. Immédiatement après la sai-
« gnée, le malade éprouve un instant de calme,
« précurseur de l'affaissement auquel le plus
« grand nombre succombe ; ceux qui n'éprou-
« vent pas une funeste destinée ont des convales-
« cences longues et pénibles. Toute perte de sang
« est donc funeste. Si les ecchymoses, les hé-
« morragies passives, se montrent de toutes
« parts ; si le liquide s'échappe pour ainsi dire
« par tous les pores, ce n'est pas qu'il ait trop de
« mouvement : au contraire, la force plastique
« du sang est tellement détruite, qu'après l'ap-
« plication des sangsues, il arrive quelquefois
« qu'on ne peut plus borner sa sortie, à moins
« qu'on n'emploie une longue compression.

« Nous plaçons sur la même ligne la saignée
« par la lancette et la saignée par les sangsues,
« sans vouloir dire par-là que les effets en soient
« absolument les mêmes. Nous avons fait con-
« naître qu'à notre arrivée, séduits par quelques
« apparences, nous voulûmes employer les émis-
« sions sanguines. Il nous paraissait bien naturel,
« par exemple, d'essayer de ramener chez les
« femmes le flux périodique dont la suppression

« semblait compliquer défavorablement la tur-
« gescence apparente. Vain espoir ! nous fûmes
« promptement corrigés de ces idées théoriques,
« comme l'avaient été avant nous les médecins
« espagnols. Il paraît donc qu'à Barcelone, com-
« me à Saint-Domingue, les émissions sanguines
« accéléraient l'arrivée de l'époque fatale.... »

2° *Du kinkina.* « Le kinkina, disent MM. Bally,
« François et Pariset (1) ; le kinkina, ce remède pré-
« conisé par tous les praticiens, si énergique
« dans ses effets, a été employé sous toutes les
« formes dans le traitement de la fièvre jaune.
« Il est très indiqué à toutes les époques de la ma-
« ladie, comme tonique, amer, astringent, anti-
« septique. Il doit être administré le plus près de
« l'invasion, dès que la cessation des sueurs en
« permet l'usage. Son action sur les nerfs ne
« peut qu'être favorable, et paraît le seul moyen
« propre à conserver au sang sa consistance na-
« turelle, à soutenir l'activité de la circulation, et
« à calmer, enchaîner des mouvemens désordon-
« nés, qui épuisent le peu de forces des ma-
« lades.

« Si le kinkina a si rarement rempli l'attente
« des praticiens, on peut croire que, donné en
« décoction, il a trop peu d'énergie, et ses ex-

(1) Op. cit., page 587.

« traits en ont encore moins. Pour qu'il agisse,
« il doit être prescrit en substance, à des doses
« fortes et rapprochées. Alors elles excitent né-
« cessairement les éructations et le vomissement.
« Pour éviter ce fâcheux inconvénient, pendant
« l'épidémie de Saint-Domingue, l'un de nous,
« M. François, imagina de faire prendre à ses
« malades des bains de kinkina. Quelques résul-
« tats heureux laissèrent le regret de n'avoir pu
« employer ce remède que chez un très petit
« nombre de malades, assez riches pour faire
« usage d'un moyen aussi dispendieux..... »

« A l'appui de son traitement, dit M. Lefort
« (p. 11), M. Guyon cite deux médecins espa-
« gnols et un médecin français, qui ont adminis-
« tré le kinkina à haute dose au début de la
« fièvre jaune. »

Notre traitement consistait dans l'emploi du
kinkina à haute dose dès le début et dans le premier temps de la maladie. Il différait de celui de
Lafuente, Bobadilla et Lefoulon, qui sont les
trois médecins que M. Lefort veut désigner :
1°, en ce que nous administrions le kinkina, non-
seulement par les voies supérieures, mais encore
par les voies inférieures (1); 2°, en ce que nous
ne l'administrions qu'après avoir obtenu des ré-

(1) C'était toujours à doses décroissantes, c'est-à-dire la plus
forte la première, que nous l'administrions dans le premier cas, et

missions par le moyen de bains froids et à la glace (1), selon la méthode adoptée pour d'autres maladies par quelques médecins étrangers.

« Soit, ajoute M. Lefort (p. 11); mais que « prouvent quelques exemples? des succès? On « n'en dit rien, et certes pour cause. »

Des succès.... Est-il donc pour la fièvre jaune, comme pour beaucoup d'autres maladies, une méthode de traitement en faveur de laquelle on ne puisse citer *des succès !* Il n'est cependant pour la fièvre jaune, il faut en convenir, aucune méthode de traitement en faveur de laquelle on puisse citer des succès qui approchent de ceux que Lafuente, Bobadilla et Lefoulon prétendent avoir obtenus de l'administration du kinkina à haute dose dès le début et dans le premier temps de la maladie, puisqu'il ne serait mort qu'un malade sur quatre-vingt-dix-sept traités en Espagne par Lafuente et Bobadilla (2), et que quatre seulement sur quatre cents et plus, traités à la Guadeloupe par Lefoulon (3).

presque toujours à doses accroissantes, c'est-à-dire la plus forte la dernière, que nous l'administrions dans le second.

(1) Personne n'ignore qu'on peut obtenir, par le moyen des bains froids, des rémissions dans toutes les maladies fébriles, et que ces rémissions favorisent puissamment l'administration et l'action du kinkina.

(2) Vid. Bally, *Du Typhus d'Amérique, ou Fièvre jaune*, pag. 536.

(3) Vid. Lefoulon, *Essai sur les Fièvres adynamiques en général*.

Bien que des succès de cette nature ne puissent s'expliquer qu'en admettant que, le plus souvent, Lafuente, Bobadilla et Lefoulon n'ont eu affaire qu'à des cas peu intenses de la maladie, toujours est-il que M. Audouard ne paraît pas se repentir d'avoir eu recours à leur méthode dans l'épidémie de Barcelone. « La méthode « tant vantée, dit ce médecin (1), à laquelle on « a donné le nom de *Lafuente*, qui l'a fort pré- « conisée, méritait d'être soumise à quelques « expériences, d'autant plus qu'elle avait en sa « faveur des antécédens sur lesquels on ne peut « manquer d'arrêter l'attention, et que le rai- « sonnement n'improuve pas. Il s'agit du kinkina « donné à haute dose dès le premier jour de la « maladie. » Après avoir rapporté les avantages qu'il en a retirés, M. Audouard ajoute (2) « que « ces avantages eussent été plus multipliés, si « les malades fussent arrivés à temps pour l'ad- « ministration opportune du médicament. »

« Il n'est pas toutefois, dit M. Lefort (p. 11), « que des personnes auxquelles on avait admi- « nistré le kinkina au début de la fièvre jaune,

notamment sur celle qui règne épidémiquement aux Indes occidentales, *Préf. et introd.*

(1) *Relation historique et médicale de la Fièvre jaune de Barcelone en 1821*, pag. 279.

(2) *Op. cit.*, pag. 288.

« n'aient été guéries de cette maladie. On a aussi
« des exemples de guérison par les stimulans
« dans d'autres maladies que la fièvre jaune,
« également sthéniques ou inflammatoires. »

Qu'on ait des exemples de guérison par les stimulans dans la fièvre jaune, qu'on en ait aussi dans les maladies sthéniques ou inflammatoires, cela ne prouve pas que la fièvre jaune et les maladies sthéniques ou inflammatoires soient des maladies de même nature.

« Tel, dit M. Lefort (p. 12), qui a impi-
« toyablement bourré de kinkina ses pauvres
« malades, et qui ne les a pas tous perdus, n'est
« nullement en droit d'attribuer à ce remède le
« salut du petit nombre de ceux qui ont survé-
« cu, parce que, dans la fièvre jaune, comme
« dans d'autres maladies, la force vitale est quel-
« quefois assez puissante pour résister au remède
« et à la maladie tout ensemble. »

En attendant que nous réduisions à leur juste valeur les succès que M. Lefort croit obtenir de la saignée dans la fièvre jaune, *tel*, répondrons-nous à M. Lefort, et ce sera M. Lefort lui-même, si M. Lefort le veut ; *tel qui a impitoyablement saigné ses pauvres malades , et qui ne les a pas tous perdus , n'est nullement en droit d'attribuer à ce remède le salut du petit nombre de ceux qui ont survécu, parce que, dans la fièvre jaune,*

comme dans d'autres maladies, la force vitale
est quelquefois assez puissante pour résister au
remède et à la maladie tout ensemble.

« Enfin, ajoute M. Lefort (p. 12), il ne s'a-
« git point de savoir si on ne guérit absolument
« jamais de la fièvre jaune traitée par le kinkina,
« mais si les guérisons obtenues par la saignée
« qu'on rejette, et une méthode de traitement
« contre laquelle on déclame, pour s'en tenir
« obstinément à un système de médication désa-
« voué par la théorie, et détruit par l'expérien-
« ce ; si, disons-nous, ces guérisons ne sont pas
« plus nombreuses que celles qu'on attribue au
« kinkina. Voilà la question. »

Avant d'examiner si les guérisons obtenues
par la saignée sont plus nombreuses que celles
obtenues par le kinkina, nous remarquerons
que le *système de médication* dont parle M. Lefort, ne serait ni *désavoué par la théorie* ni *détruit par l'expérience*, si nous pouvions nous en
rapporter à ce que dit M. Audouard au sujet
des différens moyens qu'il a employés dans l'é-
pidémie de Barcelone. « Je n'ai commencé à
« raisonner avec fruit, dit ce médecin (1),
« que lorsque j'ai commencé à employer le kin-
« kina. Alors, j'avais connu la nécessité d'arrêter

____

(1) *Op. cit.*, pag. 297.

« la maladie dès la première période. Je m'étais
« formé à cet égard des idées que l'inspection
« des cadavres m'avait données, et qu'avait for-
« tifiées la concordance des phénomènes princi-
« paux de la maladie avec les désordres physio-
« logiques. »

Maintenant, les guérisons obtenues par la saignée sont-elles plus nombreuses que celles obtenues par le kinkina ? Mais, d'abord les guérisons obtenues par n'importe quel mode de traitement, sont-elles plus nombreuses que celles
obtenues par les seules forces de la nature ? Cette
question, dont nous ne tenterons pas la solution,
nous fournit l'occasion de faire remarquer que
M. Lefort obtiendrait peut-être sans la saignée
les guérisons qu'il croit obtenir par la saignée.
Ces guérisons elles-mêmes nous fournissent l'occasion d'une autre remarque, c'est que M. Lefort
applique quelquefois son traitement : 1°, à
de légères indispositions qu'on peut bien rapporter à la fièvre jaune, mais non considérer
comme cette maladie elle-même ; nous voulons
parler de ces malaises, de ces maux de tête et de
reins, de ces mouvemens fébriles, etc., etc.,
qu'on observe communément dans le cours d'une
épidémie de fièvre jaune ; 2°, à des maladies qui
ne sont point la fièvre jaune ; nous voulons parler de ces nombreuses affections fébriles qui,

dans les lieux marécageux de la Zône torride, accompagnent ordinairement les épidémies de fièvre jaune (1).

« Le kinkina, dit M. Lefort (p. 12), ingéré
« dans l'estomac au premier temps de la mala-
« die, sous quelque forme que ce soit, ou donné
« en lavement, produit généralement un grand
« malaise et beaucoup d'anxiétés. »

C'est du moins ce que pense M. Lefort, d'après les idées qu'il s'est faites de la maladie. Quoi qu'il en soit, nous avons administré le kinkina sous toutes les formes. Quelle que soit, au reste, la forme sous laquelle nous l'ayons administré, nous n'avions qu'un but, celui d'en introduire le plus possible dans l'économie.

« Parfois, dit M. Lefort (p. 12), il provoque
« le vomissement, il est rejeté avec violence, et
« il agit alors comme émétique. »

Il en est à-peu-près de même de tout ce qu'on administre aux malades. Nous croyons pouvoir nous dispenser d'en donner la raison. Mais, de ce que *parfois* le kinkina *provoque le vo-missement* dans la fièvre jaune , est-il juste d'en conclure qu'il y agit *comme émétique?*

(1) Nous avons vu les subordonnés de M. Lefort appliquer son traitement à des malades qui leur arrivaient dans des accès de fièvre intermittente, lesquels accès, pour le dire en passant, se rangeaient bientôt dans ce qu'on désigne à l'hôpital de M. Lefort sous le nom de *Fièvre jaune avortée.*

Jamais l'action du kinkina peut-elle devenir celle de l'émétique? A quoi tient, du reste, cette singulière opinion de M. Lefort? A ce qu'il pense, d'après l'ancienne théorie du vomissement, que l'émétique produit le vomissement par l'irritation de l'estomac (1).

« Or, dit M. Lefort (p. 12), selon M. Guyon « et selon nous aussi, les émétiques aggravent la « maladie. »

Note 1re. *Les émétiques et les forts purgatifs aggravent la maladie.*

Mais, et pour ce qui concerne seulement les émétiques, si nous croyons que les émétiques aggravent la maladie, nous ne croyons pas que ce soit à la manière que l'entend M. Lefort. Pour M. Lefort, en effet, les émétiques aggravent la maladie en ce que l'irritation qu'il voit dans l'acte du vomissement s'ajoute à celle qu'il voit aussi dans la fièvre jaune; tandis que, pour nous, ils l'aggravent en ce que l'acte du vomissement imprime au système de notre économie un trouble qui le rend moins propre à lui résister.

« Dans tous les cas, dit M. Lefort (p. 13), « le kinkina augmente l'irritation, exaspère les « symptômes, accélère la congestion cérébrale. »

(1) Les expériences de M. Magendie prouvent que l'estomac est absolument passif dans l'acte du vomissement.

M. Lefort a-t-il observé les effets dont il parle? Non sans doute, n'ayant point fait usage du médicament auquel il les attribue. Ce n'est donc que d'après les idées qu'il s'est formées de la maladie, que M. Lefort a pu écrire : *Dans tous les cas, le kinkina augmente l'irritation, exaspère les symptômes , accélère la congestion cérébrale.*

« Et il n'est pas sans exemple , ajoute M. Le-« fort (p. 13), que sous son influence des « malades aient été précipités au tombeau en peu « d'heures. »

Un seul malade qui avait pris du kinkina, mais qui l'avait rejeté de suite , est mort *en peu d'heures.* Si c'est bien au kinkina que M. Lefort attribue cette prompte terminaison de la maladie par la mort, à quoi attribue-t-il une terminaison semblable que nous ont offerte à la même époque plusieurs malades à qui *absolument rien* n'avait été administré, entre autres un caporal de la compagnie de sapeurs de la Martinique , le nommé Thetz, tombé malade et mort dans la matinée du 28 août (1)? Ces cas de fièvre jaune promptement mortels ne sont pas rares dans les épidémies fort intenses, telle que

---

(1) Ce cas de fièvre jaune est d'autant plus remarquable que , par son âge et son acclimatement, le sujet qui l'a offert semblait devoir être à l'abri de la fièvre jaune : il était né le 22 mai 1782 , et habitait la Martinique depuis le 9 janvier 1821.

l'était celle de 1825. « Une cruelle expérience,
« dit M. de Jonnès (1), ne laisse point douteux
« qu'aux Indes occidentales, il n'y ait des ma-
« lades qui soient frappés de mort à l'instant
« même de l'apparition des premiers symp-
« tômes. »

Note 17ᵉ. *Dans la fièvre jaune, comme dans
beaucoup d'autres maladies, c'est moins par la
nature des moyens employés, que par celle des cas
de la maladie, qu'il faut chercher à expliquer
les succès et les revers des médecins.*

Après plusieurs raisonnemens dont il nous
serait facile de contester la justesse, M. Lefort
arrive à cette conclusion (p. 14) : « Donc il
« n'est pas vrai que, dans la fièvre jaune, comme
« dans beaucoup d'autres maladies, c'est moins
« par la nature des moyens employés, que par
« celle des cas de la maladie, qu'il faut chercher
« à expliquer les succès et les revers des mé-
« decins. » Nous trouvons dans le passage suivant de MM. Bally, François et Pariset, notre
réponse à M. Lefort :

« Chaque praticien, disent ces médecins (2),
« exalte les succès de sa méthode; mais, à côté
« des éloges que chacun se donne, nous voyons

(1) *Monographie hist. et méd. de la fièvre jaune des Antilles, etc.*,
pag. 138.
(2) *Op. cit.*, pag. 552.

« que le nombre des morts est toujours pro-
« portionné à la gravité des symptômes. »

« Les succès, dit M. Lefort (p. 14), seront
« toujours pour celui qui, toutes choses égales
« d'ailleurs, et dans un même cas donné,
« employera la méthode de traitement la plus
« conforme à la nature de la maladie. »

Que M. Lefort se suppose un instant dans
l'ignorance où nous sommes encore sur la nature
de la fièvre jaune, et alors qu'il nous indique
*la méthode de traitement la plus conforme à la
nature de la maladie.*

« Quoi qu'il en soit, dit M. Lefort (p. 15),
« admettez cette assertion de M. Guyon, et il n'y
« a plus ni louanges pour les succès, ni blâme
« pour les revers. »

Et ce serait parce qu'il n'y aurait plus *ni
louanges pour les succès, ni blâme pour les revers,* que notre assertion serait rejetée par
M. Lefort.... Est-elle vraie ou fausse? voilà la
question.

« Ceux, dit M. Lefort (p. 15), qui exercent
« notre profession, si difficile, si fort au-dessus
« de la portée du plus grand nombre, sont tous
« rangés sur la même ligne. »

Il est un certain nombre de maladies contre
lesquelles nous ne possédons encore aucune médication efficace. Or, nous le demandons à M. Le-

fort, de ce que les résultats obtenus dans ces maladies par un médecin instruit seraient tout aussi peu satisfaisans que ceux obtenus par un médecin qui ne l'est pas, s'ensuivrait-il que le premier de ces médecins dût être rangé *sur la même ligne* que l'autre ?

« Qui en effet, dit M. Lefort (p. 15), déci-
« dera que les revers doivent être attribués, moins
« à la nature des moyens employés, qu'à celle des
« cas de la maladie? Qui se constituera juge en
« pareil cas? »

Des médecins, répondrons-nous à M. Lefort, qui auraient apporté dans l'étude de la fièvre jaune un esprit dégagé de tout système, de toute prévention.

« Si vous substituez, dit M. Lefort (p. 15),
« à une méthode raisonnée de traitement, et au
« témoignage des résultats, le sens de la proposi-
« tion que nous examinons, à quel signe certain
« distinguerez-vous l'homme qui est véritable-
« ment médecin d'avec celui qui n'est qu'un
« charlatan empirique ? »

D'abord, existe-t-il *une méthode raisonnée de traitement* pour la fièvre jaune? M. Lefort fait donc ici ce que les rhéteurs appellent un *cercle vicieux*, c'est-à-dire qu'il met en principe ce qui est en question. La méthode employée par M. Lefort dans le traitement de la fièvre jaune

est sans doute, pour lui *une méthode raison-*
née, mais il n'en est pas moins vrai que nous
attendons encore *une méthode raisonnée* de traitement pour cette maladie.

« Si on objecte à celui-ci ses revers, dit
« M. Lefort (p. 16), sa réponse est toute
« prête : il vous dira hardiment qu'il les doit,
« ces revers, moins à la nature des moyens qu'il
« a employés, qu'à celle des cas de la maladie. »

Et n'est-ce pas aussi, *moins à la nature des*
moyens qu'il a employés, qu'à celle des cas de
la maladie, que M. Lefort en appelle lorsqu'on
oppose ses revers à sa théorie et à son traitement de la fièvre jaune ? La preuve ? Que répond
M. Lefort à la question qu'il se pose en ces ter-
mes, pag. 42 de son *Mémoire* : « Mais, a-t-on
« dit, si les saignées sont réellement indiquées
« dans la fièvre jaune, pourquoi ne réussissent-
« elles pas toujours ? — Par la raison, répond
« M. Lefort, que, dans la fièvre jaune plus que
« dans aucune autre maladie, l'influence qui la
« détermine est si puissante et si long-temps pro-
« longée, qu'elle doit infailliblement triompher
« sur plus ou moins de malades, malgré les
« moyens les plus puissans et les plus rationnels
« qu'on lui oppose (p. 42). »

« En vain, l'autre, dit M. Lefort (p. 16),
« voudrait se prévaloir et s'honorer de ses succès,

« si nombreux et si éclatans qu'ils soient, on
« pourra toujours lui dire : — Vos succès, vous les
« devez, moins à la nature de vos moyens et de
« votre prétendue méthode, qu'à celle des cas
« de la maladie. »

C'est l'objection que font à M. Lefort les médecins de la Martinique qui ont le mieux observé
la fièvre jaune. Ils disent à M. Lefort, ces médecins : *Vos succès, vous les devez, moins à la
nature de vos moyens et de votre prétendue
méthode, qu'à celle des cas de la maladie.* Et ce
sont, pour le dire en passant, les cas de la maladie à la nature desquels M. Lefort doit ses succès qui constituent, du moins en grande partie,
ce que les mêmes médecins désignent plaisam-
ment sous le nom de *fièvre jaune de M. Lefort.*

« C'est toujours par les résultats, ajoute
« M. Lefort (page 16), qu'on juge de la bonté
« ou du vice d'une méthode, ou d'un moyen
« employé dans le traitement d'une maladie; et
« cette règle de jugement établie, non d'après
« quelques exemples particuliers, mais d'après
« la comparaison d'un grand nombre de cas,
« est tout à-la-fois la seule possible et équi-
« table. »

Qu'il serait à desirer que M. Lefort eût établi,
d'après d'aussi sages principes, l'utilité de la
saignée dans la fièvre jaune !

Note 8. *Peut-être est-ce moins d'un grand savoir que d'une grande témérité qu'il faut attendre le meilleur mode de traitement qui convient à la fièvre jaune.*

« Eh ! en quoi consisterait, s'écrie M. Lefort « (page 16), ce meilleur mode de traitement « plutôt fondé sur une grande témérité que sur « un grand savoir? »

Est-ce donc d'un *grand savoir* que nous viennent nos applications thérapeutiques les plus heureuses, celles du mercure et du kinkina, par exemple? Et quant à la *grande témérité* qui semble effrayer M. Lefort, personne ne contestera qu'il serait permis de tenter quelque nouveau mode de traitement dans une maladie où l'on aurait vu échouer tous les modes de traitemens ordinaires. Or, si cette maladie était une des plus graves connues, et telle est sans contredit la fièvre jaune, ne conviendrait-il pas, pour qu'il fût possible de fonder quelque espoir de succès sur le nouveau mode de traitement employé, que l'énergie de ce nouveau mode de traitement fût pour ainsi dire calquée sur celle de la maladie à laquelle on l'opposerait? Voilà l'idée que nous avons voulu exprimer, lorsque nous avons dit : *Peut-être est-ce moins d'un grand savoir que d'une grande témérité*, etc.

« Le vrai savoir d'un médecin, dit M. Lefort

« (page 16), dans le traitement de la fièvre
« jaune et de toute autre maladie grave, consiste
« à apaiser la douleur, à calmer l'irritation, et
« à rendre l'organe ou les organes malades à
« leur état normal. »

Est-ce pour *apaiser la douleur, calmer l'irritation*, etc, qu'on ampute un membre que vient
de frapper la gangrène ? *Le vrai savoir* d'un
médecin ne consiste donc pas toujours, dans le
traitement des maladies graves, *à apaiser la douleur, à calmer l'irritation*, etc. Se borner, dans
le traitement des maladies graves ou autres, *à
apaiser la douleur, à calmer l'irritation*, etc.,
c'est faire ce qu'on appelle la médecine des
symptômes, la médecine symptomatique, c'est-
à-dire combattre les effets du mal, non le mal
lui-même. Et si M. Lefort voulait savoir ce que
pense de cette médecine, dans la fièvre jaune,
l'un de nos médecins militaires les plus éclairés,
que le médecin de la Martinique prête l'oreille
au médecin de Sainte-Lucie :

« La plupart des médecins des Antilles, dit
« M. Pugnet (1), trompés par les accidens que
« l'irritation détermine, consacrent tout le temps
« durant lequel elle existe aux boissons adou-
« cissantes, aux émolliens et aux laxatifs. Ils

(1) *Mémoires sur les fièvres de mauvais caractère du Levant et des
Antilles*, etc., pag. 365.

5.

« prescrivent et répètent la saignée comme s'ils
« avaient à combattre une inflammation. Ils ne
« voient que la rougeur et la chaleur à éteindre.
« C'est à la cause de ces accidens qu'il faut
« s'adresser : qu'on arrête, s'il est possible, les
« effets de l'agent morbifique, et on calmera l'ir-
« ritation, ainsi que les symptômes qui en dé-
« pendent. Je ne vois que cette indication à
« remplir. »

« Il n'y a point, dit M. Lefort (page 17), il ne
« peut y avoir de témérités heureuses en méde-
« cine, si ce n'est par hasard et par excep-
« tion. »

S'il peut y avoir des *témérités heureuses en
médecine*, que ce soit *par hasard* ou autrement,
nous n'en voulons pas davantage : nous dirons
que la fièvre jaune est une maladie pour
laquelle il pourra y avoir une de ces *témérités
heureuses*.

« Qu'au métier de la guerre, dit M. Lefort
« (page 17), qui repose sur des combinaisons
« variables et accidentelles, une grande témérité
« l'emporte parfois sur le grand savoir et l'habi-
« leté d'un général, on le conçoit, et on en cite
« quelques exemples. Mais, à la guerre même,
« la plus grande témérité ne comptera jamais
« que des succès de circonstance; et c'est en
« définitif le grand savoir et l'habileté qui obtien-

« dront des triomphes, et des triomphes con-
« stans. »

Si, comme le dit M. Lefort, page 13 de son
Mémoire, « la nature d'une maladie donnée, de
« la fièvre jaune, par exemple, est une dans
« tous les cas », la médecine repose sur des
combinaisons invariables et non accidentelles.
Or, si la médecine repose sur des combinaisons
invariables et non accidentelles, comme le *métier de la guerre repose* au contraire *sur des
combinaisons variables et accidentelles*, il est évi-
dent que la comparaison que tire M. Lefort du
métier de la guerre, puisque métier il y a, au
métier de la médecine, manque tout-à-fait de
justesse.

« Cela est plus vrai, dit M. Lefort (page 17),
« ou plutôt, c'est la seule chose vraie en méde-
« cine que les succès seront toujours en faveur
« d'un traitement dirigé par un grand savoir mé-
« dical. »

Il ne s'agit point, dirons-nous à M. Lefort,
du traitement des maladies en général, mais du
traitement de la fièvre jaune en particulier; il
ne s'agit point non plus de la direction ou application de ce traitement, mais de ce traitement
lui-même. Trouvez-le, ce traitement, tracez les
règles de son application, et alors nous répéte-
rons avec vous : *Que les succès seront toujours*

*en faveur d'un traitement dirigé par un grand
savoir médical.*

« Dire qu'on peut, ajoute M. Lefort (page 17),
« attendre d'une grande témérité le meilleur
« mode de traitement qui convient à la fièvre
« jaune, plutôt que d'un grand savoir, c'est donc
« dire une chose,... pour le moins bien étrange. »
La *Note* incriminée porte *peut-être*, non *plutôt*. La valeur de ces deux expressions est loin
d'être identique. Et, pour revenir encore une
fois sur la *grande témérité* dont M. Lefort
ne revient pas, qu'il soit bien persuadé, M. Lefort, que nous ne serions pas fâchés de voir cette
grande témérité dirigée par un *grand savoir.*

Note 10. *Pour faire de l'eau tiède sans doute.*
Voilà ce que nous inférions d'une pratique que
M. Lefort défend avec beaucoup de chaleur, et
qui consiste à verser de l'eau froide sur la tête
d'un malade qu'on a mis dans un bain chaud.
Non que nous pensions que cette pratique ne
soit utile dans certaines maladies, dans les maladies que nous indique M. Lefort, par exemple ; mais nous pensons qu'elle ne peut l'être
dans la fièvre jaune. C'est toute la réponse que
les bornes de cet écrit nous permettent de faire
à M. Lefort.

Note 12. *En général, les excitans cutanés ne
sont pas d'une grande utilité dans la fièvre jaune.*

« Aux sentences d'Hippocrate, dit M. Lefort
« (page 20), et aux conséquences pratiques que
« les médecins de tous les temps en ont dédui-
« tes, M. Guyon oppose cette autre sentence :
« *En général*, etc. »

Il n'était question, dirons-nous à M. Lefort,
que de l'utilité des excitans cutanés dans la fièvre jaune. Les excitans cutanés sont utiles dans
les maladies, personne ne le conteste ; mais ils
y sont plus ou moins utiles, selon la maladie pour
laquelle on y a recours. Et puis, d'ailleurs, qu'a-
vons-nous dit ? *En général*, avons-nous dit, *les
excitans cutanés ne sont pas d'une grande utilité
dans la fièvre jaune*. Or, dire que les excitans
cutanés ne sont pas d'une *grande* utilité dans la
fièvre jaune, n'est-ce pas dire qu'ils y sont de
quelque utilité ? Et dire qu'*en général* ils n'y
sont pas d'une grande utilité, n'est-ce pas dire
qu'ils y sont *quelquefois* d'une grande utilité ?
Nous ajouterons, pour nous justifier encore des
idées que M. Lefort a l'obligeance de nous prê-
ter, que nous avons toujours fait usage des excitans cutanés dans la fièvre jaune.

Note 13. *Les vins généreux, administrés au
point de déterminer un léger état d'ivresse, agis-
sent à la manière de l'opium, c'est-à-dire en re-
tardant la marche de la maladie.*

« Nous ne pouvons croire, dit M. Lefort (page

« 20), que ce soit par expérience que M. Guyon
« parle ainsi de l'effet des vins. »

Nous avons vu des militaires, qui, dans l'espoir
d'éloigner la fièvre jaune, s'étaient gorgés de
vin et de liqueurs fortes dès qu'ils en avaient
senti l'approche, succomber moins vite que
d'autres qui, placés dans les mêmes circonstances, s'étaient abandonnés au cours de la maladie. Ce fait, auquel nous n'attachons que l'importance qu'il doit avoir, nous fournit l'occasion
de rappeler à M. Lefort le traitement exclusive-
ment tonique employé dans la fièvre jaune par
Savarésy, traitement bien remarquable sous
le rapport que Savarésy n'a observé la fièvre
jaune que dans l'hôpital où M. Lefort l'observe
aujourd'hui.

« Dans la fièvre jaune, dit M. Lefort (page 20),
« les malades ont une répugnance extrême pour
« toute espèce de vin, et cette répugnance est
« absolue et générale. »

S'il était reconnu que les vins sont utiles dans
la fièvre jaune, et la question était de savoir si les
vins sont utiles dans la fièvre jaune, la répugnance
des malades pour les vins ne s'opposerait pas plus
à l'emploi de ces liquides que la répugnance d'un
malade pour une opération qui doit lui sauver la
vie ne s'opposerait à la pratique de cette opération.

« Cette aversion insurmontable du vin, dit

« M. Lefort (page 20), est un des caractères qui
« distinguent la fièvre jaune de toutes les autres
« fièvres. »

Si *cette aversion insurmontable du vin* existe
réellement dans la fièvre jaune, ce n'est guère
que dans le cours de la maladie. A ce sujet,
nous remarquerons que Gillespie, médecin des
troupes anglaises à la Martinique, en 1795, a si-
gnalé le desir des boissons alcooliques comme
un des symptômes de l'invasion de la fièvre
jaune.

« Et surtout, ajoute M. Lefort (page 20), de
« la fièvre dite *pernicieuse*, avec laquelle on
« veut lui trouver de l'analogie. »

C'est à nous que M. Lefort reproche de trouver de l'*analogie* entre la fièvre jaune et la fièvre
dite *pernicieuse*. Or, nous le demandons à tout
médecin, s'il est une maladie avec laquelle la
fièvre jaune a de l'*analogie*, n'est-ce pas avec la
fièvre dite *pernicieuse* ?

« Dans le cours de notre longue pratique, dit
« M. Lefort (page 21), nous avons eu occasion
« de traiter un certain nombre de fièvres perni-
« cieuses. Dès le début, il y a affaissement géné-
« ral, pâleur, dépression des traits, petitesse et
« mollesse du pouls, insensibilité des extrémités,
« qui sont recouvertes d'une sueur froide, vis-
« queuse. Le kinkina, le vin, le punch au Ma-

« dère et tous les excitans, sont facilement sup-
« portés par l'estomac, et ils sont éminemment
« indiqués dans cette maladie. »

Qu'il nous soit permis de demander à M. Lefort si le médecin pour qui *le kinkina, le vin, le
punch au Madère, tous les excitans,* en un mot,
sont éminemment indiqués dans la fièvre dite
pernicieuse, est bien le même médecin qui voit
*dans toutes les fièvres, quels que soient leurs ty-
pes, une irritation, une inflammation de la
membrane muqueuse de l'estomac, de l'intestin,* etc. ?

« Les paroxismes, dit M. Lefort (page 21),
« sont assez marqués dans les fièvres perni-
« cieuses. Il y a rémission, et même intermis-
« sion. Or, rien de semblable ne s'observe dans
« la fièvre jaune, qui n'a, à proprement parler,
« que deux temps dans son cours. »

N'en déplaise à M. Lefort, nous avons observé,
et cette observation nous est commune avec
beaucoup de médecins, des rémissions dans la
fièvre jaune. Ces rémissions s'observent à toutes
les époques d'une épidémie, mais surtout au
début et à la fin. Les cas où elles se présentent
constituent, soit dit en passant, la plupart des
guérisons qu'on obtient par les moyens et les
modes de traitement les plus opposés. Dire
qu'on les obtiendrait bien plus sûrement, ces

guérisons, en abandonnant la maladie à la nature, ou du moins en ne faisant rien qui pût la contrarier, est chose que nous aurons peu de peine à persuader.

« Un médecin, ajoute M. Lefort (page 21), « qui a un peu d'habitude pratique, et qui a vu « la fièvre jaune et la maladie décrite par Torti « d'abord, et ensuite par le docteur Alibert, ne « les confondra jamais. »

De ce qu'un médecin trouverait de l'*analogie* entre les deux maladies dont parle M. Lefort, il ne s'ensuivrait certainement pas qu'il dût les confondre.

Note 11. *L'opium, en enchainant la sensibilité, retarde la marche de la maladie. C'est sous ce rapport que sa combinaison avec d'autres moyens pourrait être avantageuse.*

« Sur l'éloge qu'en ont fait quelques médecins « anglais, dit M. Lefort (page 21), nous l'avons « administré uni au calomélas, et il nous a fallu « y renoncer. Nous l'avons aussi essayé seul, « sous toutes les formes et à toutes les doses, « dans ces momens où il semble aux malades « que quelques heures de sommeil les guéri- « raient, où ils en expriment si énergiquement « le besoin par ces exclamations : *Que je voudrais* « *bien dormir! faites-moi dormir!* et il n'a jamais « produit, dans cet état où l'irritation domine

« encore, aucun avantage. Le malaise, au con-
« traire, s'en augmentait. Son action excitante
« explique assez cet effet. »

L'irritation que M. Lefort voit dans la fièvre
jaune n'aura pas peu contribué à former son
opinion sur l'action de l'opium dans cette maladie. Du reste, et comme nous semble l'exprimer
la *Note* incriminée, l'opium n'est pour nous qu'un
moyen dont l'indication peut se présenter. Cette
indication, toutefois, ne se présenterait jamais pour
nous dans les circonstances où elle s'est présentée
à M. Lefort, c'est-à-dire à une époque de la maladie où le rôle du médecin nous paraît devoir
être terminé.

Note 3. *L'opinion que la fièvre jaune est une
maladie inflammatoire est devenue celle des
médecins qui se disent physiologistes, qui font
ce qu'ils appellent la médecine physiologique.*

« Cette opinion, dit M. Lefort (page 23), a
« été celle de presque tous les médecins anglais,
« et d'un grand nombre de médecins français,
« dès le commencement même où la fièvre jaune
« a été observée ; et il n'a fallu, aux femmes de
« couleur et autres, que de ne point se refuser à
« l'usage de leurs sens pour partager l'opinion
« des médecins. »

S'il suffit de ne point se refuser à l'usage de
ses sens pour reconnaître la nature inflamma-

toire de la fièvre jaune, comment se fait-il qu'elle
n'ait point été reconnue par les voyageurs, na-
turalistes ou médecins, qui ont observé la fièvre
jaune dans les lieux où elle exerce le plus de
ravages ? Se seraient-ils donc refusés à l'usage de
leurs sens, les Humboldt, les Leblond, les Saint-
Méry, les Cassan, les Valentin, les Dalmas, les
Pugnet, les Gilbert, les Savarésy, etc. ! S'il
suffit de ne point se refuser à l'usage de ses sens
pour reconnaître la nature inflammatoire de la
fièvre jaune, comment se fait-il qu'elle n'ait
point été reconnue par *aucun* des membres des
différentes commissions que notre gouverne-
ment a envoyées en Espagne pour observer la
fièvre jaune? Se seraient-ils donc refusés à
l'usage de leurs sens, les Broussonnet, les Berthe,
les Lafabrie, les Caizergues, les Desgenettes,
les Duméril, les Nysten, les Mazet, les Bally,
les François, les Pariset, les Audouard !

« Nous ignorons, dit M. Lefort (p. 23), si
« aucuns médecins de cette ville, ou autres de la
« Martinique, se disent médecins physiolo-
« gistes, ou si c'est une charité que leur prête
« M. Guyon. »

Les médecins de la Martinique qui saignent
dans la fièvre jaune, et qui sont en trop petit
nombre pour que M. Lefort ne les connaisse
pas tous, ne disent-ils pas que leur pratique est

conforme à la *médecine physiologique?* Et n'est-
ce pas ce que M. Lefort lui-même, M. Lefort qui
est tout à-la-fois le chef et le représentant de
ces médecins, répète pour ainsi dire à chaque
page de son *Mémoire?* Il n'est pour nous
qu'une médecine, dirons-nous à M. Lefort, et
pour nous cette médecine est inséparable de la
physiologie.

« Quoi qu'il en soit, ajoute M. Lefort (p. 23),
« pratiquer la médecine d'après la connaissance
« des parties qui constituent l'homme, des lois
« qui régissent l'économie, des moyens propres
« à détruire ces causes et à rétablir l'équilibre
« rompu, c'est ce qu'on appelle faire la méde-
« cine physiologique. Or, en quoi, nous le de-
« mandons, cette médecine peut-elle mériter
« l'animadversion ou la dérision d'un médecin?

Ce n'était pas assez pour M. Lefort de nous
supposer des idées que nous ne pouvons avoir,
il fallait encore qu'il nous supposât des sentimens
qui nous sont bien étrangers.

Note 9. *Un certain degré de température étant
un des élémens de la cause où des causes pro-
ductrices de la fièvre jaune, les bains froids, en
diminuant la température du corps, exercent sur
la maladie une influence salutaire.*

« Si les bains froids, dit M. Lefort (p. 24),
« diminuaient la température du corps également

« à la périphérie et à l'intérieur, ils exerceraient
« sans contredit une influence salutaire sur la
« fièvre jaune, parce que la chaleur est en excès
« partout. Mais, lorsque le corps est tout entier
« et à-la-fois plongé dans un bain froid, il n'en
« est point ainsi. Les bains froids, dans ce cas,
« déterminent un refoulement subit des forces
« vitales et du sang sur les viscères déjà irrités
« par toutes les causes qui exaltent l'action san-
« guine. Ce refoulement produit sur le malade
« une anxiété, une angoisse inexprimable; et
« un *raptus* ou concentration plus ou moins con-
« sidérable sur un ou plusieurs organes essen-
« tiels, en est l'effet immanquable. »

D'abord, nous ferons remarquer qu'au Mexi-
que, qui est sans contredit le point du Nouveau-
Monde où l'on doit avoir acquis le plus d'expérience sur la fièvre jaune, les bains froids constituent, depuis un temps immémorial, la base
du traitement de cette maladie. En serait-il donc
ainsi, nous le demandons à M. Lefort, s'ils produisaient les mauvais effets dont il veut bien les
gratifier? Quand les faits parlent, les théories
doivent se taire.

Maintenant, s'il nous était permis de dire
quelque chose de l'emploi que nous avons fait
des bains froids dans la fièvre jaune, nous dirions que cet emploi ne consistait pas tou-

jours à mettre les malades dans un bain actuellement froid ; mais que, selon les indications que nous nous proposions de remplir, nous les mettions ou dans un bain actuellement froid, ou dans un bain tiède qu'on refroidissait ensuite. Nous dirions encore que, quel que soit l'emploi que nous en ayons fait, nous n'avons eu qu'à nous en louer (1).

« Nous avons été témoin, ajoute M. Lefort « (p. 25), de cet effet d'un bain froid dans un « cas dont l'issue fut rapidement mortelle. »

Nous ne doutons pas qu'administré dans le second temps de la maladie, un bain froid ne produise de fort mauvais effets. Aussi n'est-ce jamais à cette époque de la maladie qu'on doit faire usage des bains froids.

Note 6. *Quel que soit le mode de traitement avec lequel on triomphera un jour de la fièvre jaune, ce ne sera jamais qu'en y recourant avec une grande activité.*

« Ici, dit M. Lefort (p. 25), nous sommes

---

(1) Pour sentir l'utilité qu'on peut retirer des bains froids dans la fièvre jaune, il suffirait de se rappeler l'influence qu'y exerce toujours un abaissement de température, influence qui nous a souvent fait annoncer le soir le prochain rétablissement de malades sur lesquels nous avions porté le matin le plus fâcheux pronostic.

Ce n'est, comme tout le monde le sait, qu'à l'abaissement de température qui les accompagne aux Antilles, que les vents du nord et du nord-est doivent, d'exercer sur la fièvre jaune, l'in-

« tout-à-fait d'accord avec M. Guyon ; et jamais,
« assurément, aucune autre maladie n'exigea
« de plus prompts et plus puissans secours. On
« est surtout bien pénétré de cette vérité par
« les désordres organiques trouvés dans les cada-
« vres, même dans ceux des sujets qui succom-
« bent en peu de jours. »

Il est généralement reconnu qu'on ne trouve
pas de *désordres organiques* chez les sujets qui
sont morts *en peu de jours.* « Il est des cadavres,
« dit M. Bally (1), qui n'offrent à l'anatomiste
« aucun sujet d'observation. Cette particularité
« arrive surtout à ceux qui sont morts du 1er au
« 3e jour, et chez qui le mal n'a pas eu le temps
« d'imprimer son cachet ». La conséquence qui
découle naturellement de ce fait gênait M. Lefort.
La manière dont il s'en débarrasse est vraiment
admirable (2).

« On néglige malheureusement beaucoup

fluence favorable qu'on trouve signalée dans divers écrits, et notamment dans ceux de M. Lefort.

(1) *Du typhus d'Amérique ou fièvre jaune*, pag. 202.

(2) M. Roger, directeur de l'intérieur à la Martinique, vient d'y
mourir de la fièvre jaune. En nous annonçant sa mort, on nous ap-
prend que le chirurgien en chef de l'hôpital du Fort-Royal, chargé
par le gouverneur de faire l'ouverture du cadavre, a déclaré que non-
seulement il n'avait trouvé *aucun organe malade*, mais encore que
tous les organes étaient *aussi sains que dans l'état naturel.* On nous ap-
prend en même temps que le malade avait été saigné *copieusement*

« trop, dit M. Lefort (p. 26), le seul moyen de
« connaître la nature et le siège de la fièvre
« jaune. »

C'est sans doute l'ouverture des corps que
M. Lefort indique comme le *seul moyen* de connaître la nature et le siège de la fièvre jaune.
Sous ce rapport, M. Lefort pourrait nous croire
parfaitement de son avis : nous l'avons assez
prouvé par l'exemple durant notre séjour aux
Antilles. Il est vraiment fâcheux pour la science
qu'à raison de son âge et de ses occupations,
M. Lefort n'ait pu, pour reconnaître *la nature
et le siège de la fièvre jaune*, s'adresser lui-même
au *seul moyen* qui lui paraisse propre à conduire
à ce résultat. Il faut le dire aussi, et c'est une justice que nous nous plaisons à rendre à M. Lefort,
sa croyance sur la nature inflammatoire de la
maladie était trop intime, pour qu'il en vît la nécessité.

« L'estomac, dit M. Lefort (p. 26), le foie, la
« rate, les poumons, les vaisseaux de la tête,
« gorgés de sang, s'affaissent et succombent
« désorganisés sous le poids d'une congestion et
« d'une inflammation méconnues. »

---

cinq fois, et qu'on lui avait appliqué un *très grand nombre de
sangsues.* On nous laisse ignorer quelle a été la durée de la maladie.

L'estomac, le foie, la rate, les poumons, et jusqu'aux *vaisseaux de la tête* qui sont *gorgés de sang* et désorganisés, qui *s'affaissent et succombent sous un poids, un poids* qui consiste dans *une congestion* et *une inflammation....* Quel désordre dans l'exposition des désordres que M. Lefort trouve chez les sujets morts de la fièvre jaune! Que les vaisseaux et les organes d'un sujet mort de la fièvre jaune contiennent beaucoup de sang, surtout lorsque le sujet n'en a point perdu dans le cours de sa maladie, la rapidité du mal en dit assez la raison ; mais que ces vaisseaux et ces organes aient été trouvés désorganisés, nous en appelons aux médecins qui ont apporté dans l'ou-verture des corps les lumières d'une saine ana-tomie pathologique. Il est cependant une désor-ganisation qu'admettent assez généralement les médecins pour qui la fièvre jaune n'est qu'une gastrite, nous voulons parler de la désorganisa-tion ou gangrène de l'estomac. Nous ne nous arrêterons pas à combattre l'existence d'une lé-sion dont nous n'avons trouvé aucune trace dans les nombreuses nécropsies que nous avons faites. Nous nous bornerons à rapporter ce qu'en dit M. l'Inspecteur général du service de santé de la marine. « La teinte noire, dit M. Kéraudren (1), des

____

(1) *Op. cit.*, pag. 7.

« liquides rejetés par le vomissement, et que
« l'on trouve dans la cavité de l'estomac, a pu faire
« supposer un état gangreneux de ce viscère ; mais
« nous avons vu que cette matière n'est que le pro-
« duit de la séparation des principes constitutifs
« du sang qui, dans cette maladie, transsude
« si facilement par les ouvertures naturelles et
« par les surfaces muqueuses. Cette simple expli-
« cation est bien propre à faire naître des doutes
« sur la terminaison de la fièvre jaune par la
« gangrène, et sur la préexistence de la phleg-
« masie qui y aurait donné lieu. La muqueuse
« gastro-intestinale est rouge, noire, colorée par
« la matière sanguinolente ; mais cette coloration
« ne suffit pas pour constituer une altération
« organique de l'estomac ou de l'intestin, et il
« est probable qu'on a souvent été abusé par
« une inspection trop superficielle de l'état de
« ces parties (1). Plusieurs malades ont recouvré
« la santé, après avoir vomi noir : la guérison
« serait-elle encore possible, si ce redoutable
« symptôme devait être attribué à la gangrène
« de l'estomac ? »

« Il n'y a point, dit M. Lefort (p. 26), de

(1) Dans l'épidémie de 1816, nous avons entendu des médecins s'écrier que l'estomac et l'intestin étaient gangrenés, en apercevant la coloration que donnait à ces organes la matière noire qu'ils renfermaient.

« spécifique contre la fièvre jaune. Il n'y en a,
« à bien dire, contre aucune maladie. »

Qu'il n'y ait point de spécifique contre la
fièvre jaune, M. Lefort nous le persuadera sans
peine, mais qu'il n'y en ait contre aucune maladie, M. Lefort nous permettra d'en douter
jusqu'à ce que le soufre ait cessé de guérir la
gale, le mercure, la syphilis, le kinkina, les fièvres intermittentes.

« Celui, dit M. Lefort (p. 27), qui, dans le
« traitement de la fièvre jaune, aura, par com-
« paraison avec plusieurs autres, sauvé le plus
« grand nombre de malades, celui-là sera donc
« censé avoir triomphé de cette maladie. Le mot
« *triompher* ne peut avoir d'autre signification
« ici, et M. Guyon n'a pas prétendu peut-être
« qu'on triomphera un jour de la fièvre jaune
« dans tous les cas. »

En nous supposant l'idée qu'on triomphera un
jour de la fièvre jaune *dans tous les cas*, M. Lefort répond lui-même pour nous à ce qu'il dit,
p. 15 de son *Mémoire*, de nos *Propositions* en
général, savoir que : « Ces Propositions sont
« écrites en désespoir de cause, et décèlent le
« mécontentement intérieur qu'on éprouve con-
« tre les moyens qu'on a opposés à la fièvre
« jaune. »

Note 20. *Les connaissances médicales sont*

devenues moins rares aux Antilles, mais en est-
on beaucoup plus avancé pour ce qui concerne
le traitement de la fièvre jaune ? Il serait, certes,
fort difficile de se le persuader.

« Il résulte, dit M. Lefort (p. 27), des tables de
« mortalité, recueillies à diverses époques et dans
« des lieux différens, qu'autrefois les neuf dixiè-
« mes des Européens atteints de la fièvre jaune
« succombaient à cette maladie. Or, si telle est
« encore aujourd'hui la proportion des morts
« aux malades traités d'une certaine manière,
« il n'en est heureusement plus ainsi et à beau-
« coup près, lorsque ces malades sont traités
« d'une manière opposée à celle-là ; et nous en
« fournirons tout-à-l'heure la preuve la plus
« authentique. Donc on est plus avancé au-
« jourd'hui dans le traitement de la fièvre jaune
« aux Antilles qu'on ne l'était autrefois. »

Nous examinerons, lorsqu'elle se présentera,
la preuve que M. Lefort nous annonce à l'appui de son assertion. En attendant, nous opposerons à l'assertion de M. Lefort ce que disent
MM. Bally, François et Pariset dans leur paral-
lèle entre la fièvre jaune des Antilles et celle
de la Catalogne : « Il existe, disent ces médecins (1), une malheureuse analogie entre la ma-

____

(1) *Op. cit.*, pag. 552.

« ladie de la Catalogne et celle de l'Améri-
« que, c'est l'ignorance où nous sommes encore
« d'une médication efficace. Chaque praticien
« exalte à la vérité les succès de sa méthode ;
« mais, à côté des éloges que chacun se donne,
« nous voyons que le nombre des morts est tou-
« jours proportionné à la gravité des symptô-
« mes. A Saint-Domingue, où nous avons vaine-
« ment parcouru tout le cercle de la matière
« médicale, nous avons vu que rien ne bornait
« les progrès de la maladie. La nature ou le ha-
« sard faisait le succès. Tout est donc encore à
« créer dans la thérapeutique de la fièvre jaune,
« malgré les nombreux essais entrepris. »

Note 19. *Dans le second temps de la maladie,
non-seulement l'efficacité du kinkina est diminuée, mais elle est tout-à-fait nulle, l'absorption
du médicament ne pouvant plus se faire. Quel est
donc le but des médecins qui l'emploient à cette
époque de la maladie ? Cette pratique n'est pas
du tout physiologique.*

« Il y a, dit M. Lefort (p. 29), dans la première
« partie de cette Note, un énorme faux sup-
« posé, savoir : l'efficacité du kinkina dans la
« première période de la maladie. »

Un passage de Lefoulon, l'un des médecins
qui ont le plus employé le kinkina dans la pre-

mière période de la fièvre jaune, nous servira de réponse à M. Lefort :

« J'ai quitté la France jeune encore, dit Lefou-
« lon (1), pour passer à la Guadeloupe, où j'arrivai
« plein de la lecture des meilleurs auteurs... Les
« fièvres d'un mauvais caractère y étaient rares;
« mais, en me portant partout, j'eus cependant
« occasion d'en voir quelques-unes. Les malades
« succombaient presque tous. Les seuls qui ré-
« chappaient étaient ceux auxquels des rémis-
« sions bien prononcées faisaient donner le kin-
« kina. Je commençai d'abord à croire qu'on en
« aurait sauvé plusieurs autres, si on avait plus
« souvent et plus tôt recouru à cette écorce ; et
« je ne tardai pas à me persuader qu'il fallait ,
« pour combattre ces maladies avec avantage,
« les attaquer de front et avant que leur cause
« productrice n'eût répandu ses influences sur
« l'universalité des solides et des fluides... C'était,
« en outre, suivre le conseil d'auteurs célèbres,
« qui nous enseignent qu'il est des fièvres que
« l'on peut guérir, et comme suffoquer dans leur
« invasion, par une méthode plus ou moins ac-
« tive. Ce précepte me parut applicable à celle-
« ci, et j'en fis pour l'avenir la règle de ma con-
« duite. Il le sera probablement de la plupart

____

(1) *Op. cit.*, Introd.

« des médecins, lorsqu'ils auront examiné les
« motifs qui m'ont engagé à le suivre. Il y a lieu
« d'espérer qu'ils s'y conformeront d'autant plus
« volontiers, que je puis leur offrir une expé-
« rience de vingt années pour garant de son uti-
« lité, et de la nécessité où l'on est de s'y sou-
« mettre.

« Absent depuis huit ans de la Guadeloupe,
« je craignais de retourner dans une contrée aussi
« meurtrière. Je m'y rendis cependant au com-
« mencement de germinal an XII. On était encore
« en paix. La mortalité, entretenue par l'arrivée
« successive des Européens, continuait à sévir.
« Sur cent, à peine cinq étaient épargnés, et ra-
« rement un pareil nombre survivait à la maladie.
« Les entretiens que j'eus à son sujet avec les
« médecins, dont quelques-uns étaient depuis
« long-temps dans le pays, me frappèrent de
« surprise ; car, outre qu'ils la prétendaient nou-
« velle, ils n'avaient jamais rien vu qui appro-
« chât de sa malignité. Ils avaient employé tous
« les moyens jugés propres à la combattre, et je
« n'en voyais aucun qui eût été omis. Dès-lors je
« tremblai d'être appelé pour la traiter, et de me
« voir ainsi réduit au rôle affligeant de contem-
« plateur inutile. J'attendis donc avec une impa-
« tiente perplexité l'occasion de juger les choses
« par moi-même. Elle ne tarda pas à se présen-
« ter.

« Un de mes anciens amis, M. Duviella, capi-
« taine de la rivière de Bordeaux, était depuis
« trois semaines dans le port de la Pointe-à-Pitre,
« ville où je résidais. Il avait déjà perdu deux de
« ses officiers et deux matelots. Son chirurgien,
« qui mourut le lendemain en vomissant des
« flots de sang, était malade depuis quatre jours.
« Un mousse qu'il me fit voir, et chez lequel la
« maladie était en tout semblable à celle des gens
« de l'équipage qui étaient morts, fut rétabli le
« quatrième jour. Un officier et trois matelots,
« qui tombèrent malades pendant que je soignais
« ce dernier, le furent tous le sixième. La prompte
« guérison de ces personnes, qu'à la vérité j'avais
« vues dès les premiers momens de leur chute,
« répandit sur leur maladie des doutes que j'au-
« rais pu partager moi-même, si les réflexions
« que j'avais eu le temps de faire, ne m'avaient
« démontré qu'elle était le résultat de la méthode
« que j'avais suivie. En effet, je m'étais trouvé à
« même de voir quelques malades traités par mes
« confrères, et que j'avais jugés sans espoir le
« quatrième jour. L'examen des remèdes admi-
« nistrés à ces malades, m'avait convaincu dès
« ce moment qu'ils n'étaient pas ceux qu'exige
« dans son début une maladie dont la marche est
« aussi rapide ; et que, loin de temporiser avec
« elle, il fallait agir avec vigueur dès le principe,

« afin de s'opposer au développement de symp-
« tômes aussi alarmans que l'étaient ceux dont
« j'étais témoin. Tel avait été l'objet que je m'é-
« tais proposé de suivre, et d'après lequel je
« m'étais conduit.

« Cette pratique était celle que j'avais adoptée
« long-temps auparavant, et à laquelle l'expé-
« rience m'avait appris à recourir dans la vue
« de prévenir leur dégénérescence, contre la-
« quelle elle m'avait montré qu'il fallait toujours
« être en garde. L'habitude que j'ai contractée
« de les considérer toutes avec une attention sé-
« vère, a eu depuis sur moi d'autant plus d'em-
« pire, que j'en avais traité autrefois quelques-
« unes qui ne m'avaient pas paru d'abord dignes
« de toute l'attention qu'elles méritaient, et qui
« avaient pris par la suite un caractère si mau-
« vais, qu'elles avaient résisté aux remèdes les
« plus énergiques alors donnés trop tard. Je m'é-
« tais donc comporté à l'égard de cette fièvre
« épidémique comme je l'avais fait dans toutes
« les sporadiques de ce genre, que j'avais obser-
« vées pendant mon premier séjour à la Guade-
« loupe, où elle ne paraît nouvelle que par la
« prodigieuse quantité des individus qu'elle
« frappe..... C'est en suivant cette méthode, j'ose
« l'attester, que sur quatre cents malades et plus,
« auxquels, pendant le séjour de quinze mois

« que je viens de faire dans ce pays, j'ai donné
« mes soins à l'époque où ils pouvaient encore
« être utiles, il n'en est mort que quatre. De ce
« nombre, deux ont succombé à une rechûte,
« qu'ils s'étaient attirée par leur imprudence.
« L'évènement malheureux arrivé au troisième
« était dû à des remèdes qui lui furent donnés
« clandestinement ; le quatrième enfin, attaqué
« mortellement, fut enlevé dans l'espace de huit
« heures. »

« Le kinkina et les autres stimulans, dit M. Le-
« fort (p. 29), employés au début de la maladie
« dans la vue de fortifier, non-seulement ne for-
« tifient pas, mais ils augmentent l'anxiété, l'affais-
« sement, la prostration ; et non-seulement le
« kinkina, en particulier, n'a alors aucune effi-
« cacité, mais il est, après la cause qui a déter-
« miné la maladie, le moyen le plus propre à
« l'aggraver. »

Qui a pu dire à M. Lefort que les médecins
qui emploient le kinkina dans le premier temps
de la fièvre jaune, l'emploient *dans la vue de
fortifier ?* Ignorerait-il donc, M. Lefort, que
c'est comme fébrifuge, et non comme tonique,
que ces médecins emploient le kinkina dans la
fièvre jaune ? Et si M. Lefort voulait savoir
pourquoi, au lieu de l'employer dans le second
temps de la maladie, ils l'emploient dans le pre-

mier, que le médecin de la Martinique écoute encore une fois le médecin de Sainte-Lucie :

« Il n'est qu'un temps, je le répète, dit M. Pu-
« gnet (1), pour la cure de la fièvre jaune, c'est
« précisément celui de l'irritation : le calme qui
« lui succède est le calme de la mort; et il n'est
« aucun remède qui puisse agir sur un cadavre.

« Le temps d'irritation n'étant que de peu de
« jours, on ne doit perdre aucun instant, on
« n'en doit donner aucun ni à l'expectation ni à
« la préparation du malade. Il faut précipitam-
« ment agir, quels que soient les symptômes do-
« minans et leurs complications, sinon la mala-
« die se consomme, et le malade périt pendant
« qu'on le prépare.

« Je m'écarte beaucoup de la voie générale-
« ment suivie, mais ai-je dû y rester? Elle est
« jonchée de morts.... Il ne convient, dit-on, de
« passer aux toniques qu'au moment où la fièvre
« tombe; mais lorsqu'elle tombe, la maladie est
« terminée : elle est terminée par la mort, si
« elle a suivi sa marche naturelle; elle est termi-
« née par le retour à la vie, si cette marche a
« été enrayée par le fébrifuge. »

« Introduire dans l'estomac, dit M. Lefort
« (p. 29), à quel temps d'une maladie que ce

---

(1) *Op. cit.*, pag. 364.

« soit, des substances médicamenteuses ou ali-
« mentaires que cet organe rejette, ou qui ne
« sont point assimilées, est une pratique con-
« traire au bon sens même, et n'est par consé-
« quent pas du tout physiologique. »

Mais, dirons-nous à M. Lefort, si ces substances médicamenteuses ou alimentaires étaient re-
connues devoir être salutaires, et c'était dans
cette hypothèse qu'il fallait raisonner, rien ne
s'opposerait sans doute à ce qu'on recherchât à
les administrer.

« Quelques médecins physiologistes, dit M. Le-
« fort (p. 29), auraient-ils, comme le donne à
« entendre M. Guyon, insisté sur l'usage du
« kinkina au second temps de la fièvre jaune,
« lorsque ce remède est repoussé ou n'est pas
« du tout absorbé? C'est ce que nous ignorons
« absolument. »

Le kinkina nous paraît rarement indiqué dans
le second temps de la maladie, à moins que,
dans le premier, les malades n'aient été soumis,
comme ceux de M. Lefort, au traitement anti-
phlogistique.

« Que si pourtant, ajoute M. Lefort (p. 30),
« en parlant du kinkina administré dans la
« seconde période, M. Guyon entend aussi le sul-
« fate de kinine, nous passons condamnation
« sur le fait de son emploi par nous. »

A part leur différence matérielle, en quoi, se demande le lecteur, le sulfate de kinine diffère-t-il du kinkina, c'est-à-dire de l'écorce qui le fournit ? En ce que le principe actif du kinkina étant plus rapproché dans le sulfate de kinine que dans le kinkina, la première de ces substances est nécessairement plus irritante que l'autre. D'où il résulte que, dans une maladie inflammatoire, le sulfate de kinine serait de beaucoup plus pernicieux que le kinkina. Or, la fièvre jaune est pour M. Lefort une maladie inflammatoire, et M. Lefort emploie le sulfate de kinine dans la fièvre jaune.... M. Lefort, il est vrai, n'emploie le sulfate de kinine que dans la seconde période. Mais, la maladie qui serait inflammatoire dans la première période, ne le serait-elle plus dans la seconde? Et si la maladie qui serait inflammatoire dans la première période, ne l'était plus dans la seconde, les sujets qui y succombent présenteraient-ils à M. Lefort des traces d'une maladie inflammatoire?.... Donc, dans la seconde comme dans la première période, la maladie doit être pour M. Lefort une maladie inflammatoire.

« Employant depuis trois ans, dit M. Lefort
« (p. 32), le sulfate de kinine dans le traitement
« de toutes les fièvres, et obtenant les plus con-
« stans et les plus heureux résultats de ce pré-

« cieux médicament, l'idée, à la réapparition de
« la fièvre jaune, nous est naturellement venue
« d'y recourir comme à la seule ancre de misé-
« ricorde. Ses effets ont surpassé les espérances
« que nous avions osé en concevoir. Nous l'avons
« administré à la dose de deux grains et demi à
« trois grains, étendu dans la moindre quantité
« d'eau possible, et l'estomac l'a gardé. Cette dose
« a été répétée toutes les deux ou trois heures,
« et les vomituritions sont devenues plus rares,
« et ont cessé tout-à-fait. L'absorption, ou plutôt
« la digestion du remède est instantanée. Le
« malade, aussitôt qu'il l'a avalé, ressent, d'après
« son propre dire, dans la région épigastrique,
« une douce chaleur qui irradie et se communi-
« que aux autres viscères.

« Sous l'action du sulfate de kinine continué
« pendant deux, trois et quatre jours, et donné
« trois ou quatre fois dans les vingt-quatre heu-
« res, l'exhalation sanguine cesse; et la langue,
« encore sale dans son milieu, se déterge, se cou-
« vre d'un mucus blanchâtre, et revient à son
« état naturel.

« Ce médicament relève très promptement
« l'énergie de l'estomac, réveille l'appétit, et ra-
« vive la nutrition. Par son influence sur les au-
« tres organes, il les fait bientôt entrer en parti-
« cipation des qualités qu'il vient de recouvrer;

« toutes leurs fonctions respectives se réveillent,
« se raniment, s'exécutent, et le malade entre
« en convalescence.

« L'amertume du sulfate de kinine, même dé-
« layé dans la moindre quantité d'eau possible,
« n'a rien qui déplaise au goût des malades, et
« il n'y en a pas un sur vingt qui répugne à le
« prendre ; tandis que pas un sur vingt ne sup-
« porte le kinkina sous quelque forme que ce
« soit. Et ici encore, on ne saurait trop déplorer
« l'aveuglement, l'entêtement de ces médecins
« qui continuent à prescrire le kinkina au lieu
« du sulfate de kinine, quand il est bien reconnu
« que celui-ci possède au plus haut degré, dans
« tous les cas, les vertus de ce médicament, sans
« en avoir, dans aucun, les inconvéniens. »

Les malades, demanderons-nous à M. Lefort,
pour lesquels vous avez cru devoir recourir au
sulfate de kinine, et y recourir *comme à la seule
ancre de miséricorde*, ne sont-ils pas les malades
pour lesquels vous nous dites, p. 10 de votre
Mémoire, ne voir *de salut que dans la saignée ?*
Nous sommes, du reste, d'autant plus éloignés
de contester la nature des résultats que M. Lefort dit obtenir du sulfate de kinine dans la
fièvre jaune, que la nature de ces résultats mi-
lite parfaitement en faveur de notre cause.

Note 5. *Lorsque la maladie n'est point mor-*

telle, la saignée retarde la convalescence; lors-
que la maladie est mortelle, elle accélère sa ter-
minaison fatale. Aussi a-t-elle été proscrite du
traitement de la fièvre jaune par les médecins
les plus recommandables qui ont observé cette
maladie. Ce qui a pu en imposer sur les bons ef-
fets qu'on croyait en retirer, c'est qu'elle calme
les symptômes qui constituent le premier temps de
la maladie ; mais elle ne produit ce résultat qu'en
diminuant les forces, qu'en diminuant la vie (1).

« La mort, dit M. Lefort (p. 37), n'est point
« l'inévitable terme d'une maladie : le recouvre-
« ment de la santé ou la mort est un résultat
« conditionnel du traitement. Conduite et traitée
« convenablement, la maladie la plus grave aura
« une issue heureuse : prise et conduite à re-
« bours, une maladie moins grave sera mor-
« telle. »

M. Lefort raisonne toujours dans la supposi-
tion qu'il connaît et la nature de la fièvre jaune,
et celle du traitement qui lui convient.

« Voilà, ajoute M. Lefort (p. 37), ce que dit
« le simple bon sens, et ce que l'expérience con-

______

(1) Peut-être trouverait-on qu'en disant que la saignée diminue
la vie, nous nous sommes exprimé un peu hardiment, si tout ré-
cemment des malades , que des pertes de sang allaient précipiter
au tombeau, n'avaient été rappelés à la vie par l'injection dans
leurs veines d'un sang étranger.

« firme à chaque instant; et l'expérience démon-
« tre en même temps, contradictoirement à la
« proposition de M. Guyon, que le traitement
« anti-phlogistique, et particulièrement les émis-
« sions sanguines abondantes, en calmant les
« symptômes de la maladie, ménagent par-là les
« forces du malade, et abrègent la durée de la
« convalescence. »

L'expérience démontre.... Mais l'expérience
de qui? L'expérience de M. Lefort. Or, l'expérience de M. Lefort n'est pas celle de beaucoup
de monde. Le médecin en chef de l'expédition
du général Leclerc à Saint-Domingue, M. Bally,
va nous en fournir la preuve dans ce qu'il dit au
sujet de la saignée :

« Il fallait, dit M. Bally (p. 496), se défier de
« cette exaltation apparente des symptômes du
« début. Les premiers essais que je fis m'ayant
« mal réussi, je me hâtai de suivre une autre
« direction. Mais les praticiens routiniers du
« pays montrèrent la plus grande obstination à
« cet égard, et j'observai assez constamment que
« ceux qu'ils faisaient saigner mouraient deux
« jours plus tôt que les autres, c'est-à-dire vers
« le cinquième au lieu du septième. Des repro-
« ches semblables avaient déjà été adressés par
« Clark aux chirurgiens français qui pratiquaient
« à la Dominique. Il n'y eut pas une seule cir-

« constance d'un émigré qui se rétablit après
« l'émission artificielle du sang. M. Savarésy,
« qui pratiquait aux Antilles dans le même
« temps que moi et dans les mêmes circonstan-
« ces, s'était aperçu qu'on avait fait de très
« grandes pertes dans l'hôpital du Fort-de-Fran-
« ce, à la Martinique, parce que la saignée for-
« mait le principal remède dans le traitement
« de cette maladie. Il nous annonce qu'en 1791,
« lorsque le général Beagues aborda à la Marti-
« nique avec un corps de troupes considérable,
« il mourut, à l'hôpital du Fort-Royal, sept cent
« vingt-deux hommes de la fièvre jaune, dans
« l'espace de vingt jours, à la fin de mars et au
« commencement d'avril. Le traitement consis-
« tait dans les saignées, les émétiques et les pur-
« gatifs.

« Il paraît aussi que les médecins durent les
« plus grands revers à l'émission du sang, lors
« de l'invasion des Antilles, en 1796, par les
« Anglais, sous les ordres du général Abercom-
« brie. On la considère aujourd'hui, à la Vera-
« Cruz, comme dangereuse. Elle fut employée fré-
« quemment, en 1762, par les docteurs mexicains,
« qui n'eurent qu'à se repentir de ses effets.
« John Hunter à la Jamaïque, Gillespie à la
« Martinique et sur les escadres, M. Pugnet à
« Sainte - Lucie, M. Cassan dans la même île,

« mon collègue Gilbert à Saint-Domingue, M. Va-
« lentin dans la même colonie et dans la partie
« méridionale des Etats-Unis, en ont reconnu les
« dangers et proscrit l'usage, ainsi que l'avait
« déjà fait Warren à la Barbade. Chisolm l'a con-
« damnée; Robertson aperçut ses mauvais effets
« à la Barbade, en 1793 et 1794; et l'on fit la
« même remarque dans l'épidémie de 1795, à
« New-York. »

« Les médecins, dit M. Lefort (p. 38), qui
« traitent la fièvre jaune par des saignées, et qui
« savent au moins donner de bonnes raisons pour
« en agir ainsi, ne consentiront point, sur la sim-
« ple assertion de M. Guyon, à se croire les moins
« recommandables. »

Où donc avons-nous dit que *les médecins qui
traitent la fièvre jaune par des saignées* fussent
moins recommandables que ceux qui la traitent
par d'autres moyens? La juste célébrité dont
jouissent plusieurs de ces médecins, et notamment M. Lefort, ne pouvait-elle nous mettre à
l'abri d'une semblable inculpation? *La saignée*,
avons-nous dit, *a été proscrite du traitement de
la fièvre jaune par des médecins recommandables.*
Que M. Lefort nie, s'il le veut, que ces médecins
soient des médecins recommandables, mais qu'il
nous fasse grâce d'un langage qui ne peut être
le nôtre.

« Nous disons, dit M. Lefort (p. 38), et nous
« saurions le prouver au besoin, que les trois
« quarts des médecins anglais qui ont, plus que
« ceux des autres nations, vu et étudié la fièvre
« jaune aux Antilles, ont fait usage de ce moyen;
« que la plupart des médecins français l'ont aussi
« employé. »

Que beaucoup de médecins anglais, français
ou autres, aient employé la saignée dans la fièvre
jaune, ce n'est pas ce que nous contestons : ce
que nous contestons, c'est que ces médecins en
aient retiré de bons effets. « Un médecin anglais,
« dit M. de Jonnès (1), qui arriva à la Martini-
« que au moment où la fièvre jaune de 1802
« redoublait ses ravages, prétendit qu'il possé-
« dait un moyen sûr et prompt de sauver ceux
« qu'elle attaquait. Ce moyen n'était autre que
« la saignée. Il le mit en usage avec une telle
« activité, qu'il avait perdu vingt malades en
« huit jours, lorsqu'atteint lui-même de la mala-
« die qu'il prétendait guérir, il mourut de ses
« effets ou de ceux de son propre remède.

« Et que depuis le père Labat, ajoute M. Le-
« fort (p. 38), qui a eu deux fois la fièvre jaune,
« et qui a été copieusement saigné chaque fois,
« jusqu'à nos jours, la saignée a généralement

______

(1) *Monographie histor. et médic. de la fièvre jaune des Antilles*,
pag. 130.

« fait partie du traitement de la fièvre jaune. »

M. Lefort ne considérerait-il là saignée que comme devant faire *partie* du traitement de la fièvre jaune? Si M. Lefort ne considérait la saignée que comme devant faire *partie* du traitement de la fièvre jaune, et non comme devant faire la base de ce traitement, peut-être serait-il permis de supposer que la fièvre jaune n'est pas pour M. Lefort une maladie *entièrement* inflammatoire.

« Les médecins, dit M. Lefort (p. 39), qui ont
« de tout temps jugé les saignées nécessaires
« dans le traitement de la fièvre jaune, ne se
« sont jamais suffisamment attachés à détermi-
« ner le temps où elles doivent être faites pour
« être utiles, et celui au-delà duquel elles peu-
« vent nuire. »

Le temps où les saignées *peuvent nuire*, selon M. Lefort, est la seconde période. Or, il est probable que les saignées auront été bien rarement employées à une époque de la maladie caractérisée par la prostration la moins équivoque. Nous ajouterons que, pour nous, les saignées *peuvent nuire*, non pas seulement dans la seconde période, mais aussi dans la première; et que si elles paraissent moins nuisibles dans la première que dans la seconde, c'est que les forces vitales ont encore dans la première ce degré

. d'énergie qu'elles n'ont plus dans la seconde (1).

« C'est indubitablement à cela, ajoute M. Le-
« fort (p. 39), qu'il faut attribuer le défaut de
« succès de ce moyen dans un grand nombre de
« cas; et c'est aussi à cause de cela, et faute de
« discernement, qu'on l'accuse d'accélérer la ter-
« minaison fatale de la maladie. »

Parmi les médecins qui accusent *ce moyen*
d'accélérer la terminaison fatale de la maladie,
il en est quelques-uns qui jouissent d'une assez
juste célébrité, pour que M. Lefort eût pu leur
accorder un peu *de discernement.*

« Voici, dit M. Lefort (p. 39), ce que nous
« écrivions, à la fin de septembre 1818, à M. Ké-
« raudren, Inspecteur-général du service de santé
« de la marine, en lui rendant compte de l'épi-
« démie qui sévissait alors. Ai-je pu saigner sur-

---

(1) La saignée est-elle, comme le prétendent quelques médecins, un moyen préservatif de la fièvre jaune? Nous pouvons assurer que les militaires chez lesquels nous la pratiquions pour des
coups, des chutes, etc., n'étaient pas plus épargnés que leurs camarades, à la première épidémie qui se manifestait.

Les sujets chez lesquels la saignée a été pratiquée, et qui viennent à contracter la fièvre jaune, offrent-ils, comme le prétendent
d'autres médecins, plus de chances de guérison que ceux chez lesquels elle n'a pas été pratiquée? Nous n'avons point remarqué
que les militaires chez lesquels nous l'avions pratiquée pour des
coups, des chutes, etc., et qui venaient à être atteints de la fièvre
jaune, en fussent moins gravement atteints que ceux de leurs camarades chez lesquels elle n'avait pas été pratiquée.

« le-champ une, deux et même trois fois : sur
« cinq malades, quatre ont été guéris. La ma-
« ladie se juge au second et au troisième jour ;
« et la convalescence, qui n'est jamais longue,
« s'établit du quatrième au cinquième. La sai-
« gnée faite le lendemain de l'invasion, offre six
« fois moins de chances de succès, et il est en
« général trop tard d'y recourir le troisième et
« le quatrième jour. »

Voici ce que nous écrivait du Fort-Royal à
Saint-Pierre, sous la date du 2 novembre 1818,
un médecin qui a été chargé pendant long-temps
d'un service à l'hôpital de M. Lefort, M. Cuppé :
« Il paraît que votre tour est venu pour la
« fièvre jaune. Elle nous a donné passablement
« de besogne. M. Lefort n'a pas été heureux
« avec *ses grands moyens*. Aussi le redoute-t-on
« plus que la maladie.... »

Nous avons communiqué à M. Lefort cette
lettre de M. Cuppé, lorsque nous eûmes à nous
défendre d'un honneur que nous ne pouvions ac-
cepter, celui de former l'opinion publique contre
l'emploi de la saignée dans la fièvre jaune. Cette
communication lui a été faite dans la grande salle
de son hôpital, et dans un moment où il n'était
pas heureux non plus avec *ses grands moyens* (1).

(1) Les pertes journalières de M. Lefort étaient alors très considérables.

« Il y a toujours, dit M. Lefort (p. 40), exu-
« bérance de vie dans ceux que la fièvre jaune
« atteint à leur arrivée dans les colonies. Leur
« sang est épais, riche en couleur et en fibrine,
« nulle sérosité. Le caillot se moule sur la forme
« du vase, et y adhère fortement. Il semble
« un morceau de glace écarlate. Ceux qui suc-
« combent en peu de jours à cette maladie, ont
« les chairs fermes et rouges, n'offrent jamais
« aucun signe de putréfaction, de pourriture ;
« et n'exhalent jamais, même long-temps après
« la mort, aucune espèce de mauvaise odeur. »

Quelle conséquence M. Lefort veut-il tirer de
tout cela ? Que la fièvre jaune est une maladie
inflammatoire, et que par conséquent il faut
saigner dans la fièvre jaune. Le médecin en
chef de l'armée de Saint-Domingue, sous le
général Leclerc, M. Bally, va répondre pour
nous à M. Lefort.

« De fausses expressions, dit M. Bally (1), sur
« l'état du sang des Européens dans les pays
« chauds, une mauvaise manière d'observer, de
« vieilles routines, de faibles ressources dans
« l'imagination, peuvent faire tenir à une mé-
« thode exclusive qui souvent n'est pas la bonne.
« Ce langage est particulièrement applicable à la

______

(1) *Op. cit.*, pag. 493.

« saignée dont l'emploi, soumis en général à
« l'aveugle empirisme, a été la source de maux
« infinis dans le traitement de la fièvre jaune.
« A Saint-Domingue , des médecins ouvraient la
« veine dès le début de toute maladie, parce
« que c'était une habitude consacrée ; et souvent
« tel praticien prescrivait de tirer du sang, parce
« qu'il ne savait qu'ordonner. Attendez , lui
« dirai-je, ne vous pressez pas, la nature est un
« grand maître qui vous instruira, il vaut mieux
« ne rien faire que de nuire. L'emploi de la sai-
« gnée doit être subordonné au génie de l'épi-
« démie régnante , et rarement les maladies
« épidémiques sont inflammatoires. Il doit être
« subordonné au climat, aux localités, aux sai-
« sons, à la température et à la constitution
« individuelle ; il doit être subordonné à la
« nature réelle et non apparente de la fièvre. »

« L'appareil de langueur et d'abattement, dit
« M. Lefort (p. 41), qui se manifeste quelquefois
« au début même de la fièvre jaune, est toujours
« l'effet de la douleur et de l'irritation d'un ou
« de plusieurs viscères, et non d'une faiblesse
« réelle du système général. »

M. Lefort devait dire : Pour les médecins qui
considèrent la fièvre jaune d'après mes idées,
L'appareil de langueur et d'abattement, etc.

« Comment, dit M. Lefort (p. 41), peut-on

« raisonnablement supposer cette faiblesse chez
« des hommes qui , quelques instans avant ,
« jouissaient de toute la force, de toute l'énergie
« de la vie ? »

Les médecins qui font usage du kinkina dans
le premier temps de la fièvre jaune ne supposent
pas de la *faiblesse* dans cette maladie. C'est pour
cette raison que la plupart sont si indulgens en-
vers la saignée, indulgence dont nous avons nous-
même donné des preuves à M. Lefort (en 1822,
en 1823 et même en 1824), en saignant dès le
début de la maladie les militaires qui devaient lui
être envoyés.

« L'analyse physiologique des fonctions, ajoute
« M. Lefort (p. 41), et le prompt soulagement
« que de larges saignées procurent toujours
« instantanément, ne peuvent laisser aucun doute
« à cet égard. »

Ce *prompt soulagement* n'est que le prompt
soulagement que procurent les approches de la
syncope dans toutes nos maladies, c'est-à-dire
les approches d'un état qui ne diffère de la mort
que parce que la vie est encore possible, les
approches d'un état où l'on ne souffre plus que
parce qu'on ne peut plus souffrir. Nous ajouterons que ce *prompt soulagement* est parfois très
rapidement suivi de la perte des malades, et
que si cette observation avait échappé à M. Le-

fort, il la trouverait consignée en gros caractères dans ses *Tableaux cliniques* (1), « tableaux, dit « M. Lefort, où l'erreur et le dol sont également « impossibles (p. 59). »

« Les saignées, dit M. Lefort (p. 41), et « M. Guyon est forcé d'en convenir, calment les « symptômes qui constituent le premier temps « de la fièvre jaune, c'est-à-dire calment la dou- « leur et l'irritation qui sont ces symptômes-là. « Or, calmer la douleur et l'irritation, c'est « ménager des forces aux malades, puisque la « douleur et l'irritation fortes ou long-temps « prolongées ont pour effet certain d'épuiser et « d'anéantir les forces. »

Les saignées ne calment les symptômes qui constituent la première période qu'en plongeant les malades dans un état où l'on ne souffre plus, comme nous l'avons déjà dit, que parce qu'on ne peut plus souffrir. Je ne souffre plus, nous disait peu avant d'expirer un officier auquel M. Lefort avait pratiqué d'abondantes saignées (2); mais j'ignore si, dans ma maladie, c'est un bien

---

(1) Dans la colonne intitulée : *Observations*, on lit fréquemment pour le 10, par exemple : *Détente opérée par la saignée, mieux obtenu par la saignée;* et pour le 11, *mort le soir, mort dans la nuit.*

(2) M. Pujolas de Lycon, adjudant-major au 49°, tombé malade à l'hôpital de M. Lefort, où il était venu donner ses soins au capitaine de Chauvillerain, son ami, auquel il ne sur-

que de ne point souffrir. Je voudrais, ajouta-t-il, pouvoir n'être pas *Moi* pendant cinq minutes, afin qu'il me fût possible de juger de mon état.

« Diminuer les forces, dit M. Lefort (p. 41), « quand elles sont en excès et troublent l'ordre « des fonctions, ce n'est point diminuer la vie; « c'est au contraire la ménager en écartant un « obstacle qui, long-temps prolongé, finirait par « l'éteindre. »

Les suppositions de M. Lefort sont toujours pour lui des principes. Est-il reconnu, demanderons-nous à M. Lefort, que les forces soient *en excès* dans la fièvre jaune? Est-il reconnu, lui demanderons-nous encore, que ce soient les forces *en excès* qui troublent les fonctions dans la fièvre jaune?

« Mais, objecte-t-on, dit M. Lefort (p. 42), si « les saignées sont réellement indiquées dans la « fièvre jaune, pourquoi ne réussissent-elles pas « toujours? »

On ne demande pas à M. Lefort pourquoi les saignées ne réussissent pas *toujours*, mais tout simplement pourquoi elle ne réussissent pas. Et remarquons qu'il serait inexact de dire que les saignées réussissent, parce que les malades chez

vécut que 24 heures. Cet officier est un des militaires auxquels M. Lefort a pu appliquer son traitement dès le début de la maladie.

lesquels on les pratique, ne succombent pas tous; car, ainsi que le dit M. Lefort au sujet du kinkina, *dans la fièvre jaune, comme dans d'autres maladies, la force vitale est quelquefois assez puissante pour résister au remède et à la maladie tout ensemble.*

« Ceux qui font cet argument, dit M. Lefort « (p. 42), ne sentent donc pas avec quel avan- « tage on pourrait le rétorquer contre eux : « pourquoi? par la raison ou qu'elles ne sont « pas assez abondantes, ou qu'elles sont faites « trop tard. »

Les saignées avaient été *assez abondantes*, et n'avaient pas été faites *trop tard*, chez deux malades du 49ᵉ, le capitaine Baude (1) et le sergent-major Village (2), que M. Lefort a vus

(1) Tombé malade dans la nuit du 12 au 13 mai, le capitaine Baude est mort dans la nuit du 15 au 16 ; outre des applications de sangsues et de ventouses scarifiées, il avait été saigné trois fois *usque ad animi deliquium* : les deux premières fois (dont une par nous dès le début des premiers symptômes) le jour de l'invasion de la maladie, et la troisième fois le lendemain.

(2) Tombé malade dans la matinée du 1ᵉʳ août, le sergent-major Village est mort dans la soirée du 4 ; outre de fortes applications de sangsues et des applications réitérées de ventouses scarifiées, il avait été saigné quatre fois *usque ad animi deliquium* : les deux premières fois (dont une par nous dès le début des premiers symptômes) le jour de l'invasion de la maladie, et les deux autres fois le lendemain.

succomber. Les saignées avaient été *assez abon-*
dantes, et n'avaient pas été faites *trop tard*,
chez une foule d'autres malades que nous pourrions rappeler à M. Lefort, et que M. Lefort a
également vus succomber.

« Par la raison, dit M. Lefort (p. 43), qu'elles
« ne réussissent pas toujours non plus dans les
« péripneumonies, les phrénésies, etc., lors
« même qu'elles sont assez abondantes, ou
« qu'elles sont faites à temps ; par la raison que
« la susceptibilité à l'irritation et à la douleur
« n'est pas la même chez tous les individus, et
« qu'elle est excessive chez quelques-uns ; par la
« raison, enfin, que, dans la fièvre jaune plus
« que dans aucune autre maladie, l'influence
« qui la détermine est si puissante et si long-
« temps prolongée, qu'elle doit infailliblement
« triompher sur plus ou moins de malades,
« malgré les moyens les plus puissans et les plus
« rationnels qu'on lui oppose. »

Pour que ces trois raisons de M. Lefort fussent bonnes, il ne manquerait qu'une seule
chose : que la fièvre jaune fût une maladie inflammatoire.

« Dire, ajoute M. Lefort (p. 43), que la sai-
« gnée n'est point un grand moyen de combattre
« la fièvre jaune, parce qu'il n'en triomphe pas
« toujours, ou, ce qui est plus fort, lui imputer

« la mort de ceux qui succombent, c'est donc
« dire une extravagance, c'est avancer une absur-
« dité : autant vaudrait contester l'utilité des
« pompes dans un incendie, ou leur attribuer
« les ravages qu'elles n'ont pu arrêter. »

Comparer l'utilité de la saignée dans la fièvre
jaune à celle des pompes dans un incendie! Et
plût à Dieu que l'utilité de la saignée dans la
fièvre jaune fût aussi palpable que celle des
pompes dans un incendie! Quoi qu'il en soit,
si dire que la saignée n'est point, non *un grand
moyen*, mais un moyen de combattre la fièvre
jaune, c'est dire une extravagance; si lui imputer, non *toujours*, mais quelquefois, la mort
de ceux qui succombent, c'est avancer une
absurdité, il faut convenir que cette extravagance et cette absurdité ont pour auteurs des
autorités bien respectables, et qui avaient sans
doute quelque droit à l'indulgence de M. Lefort.

« Les symptômes pendant la vie, dit M. Lefort,
« et les lésions après la mort, sont les seules
« bases sur lesquelles on doit s'appuyer pour
« déterminer la nature d'une maladie. »

Nous conviendrons avec M. Lefort que *les
symptômes pendant la vie et les lésions après la
mort, sont les seules bases sur lesquelles on doit
s'appuyer pour déterminer la nature d'une maladie.* Mais, ces symptômes *pendant la vie*, con-

naissons-nous bien leur rapport avec les lésions
qu'on observe après la mort? et ces lésions qu'on
observe après la mort, connaissons-nous bien
leur rapport avec les symptômes *pendant la vie?*

« Or, dit M. Lefort (p. 43), si nous mettons
« en regard les désordres organiques trouvés
« après la mort, et les symptômes par lesquels
« ils sont décelés à l'invasion même de la ma-
« ladie, que voyons-nous? Souvent un épanche-
« ment sanguin à la base du crâne, les sinus
« gorgés de sang, les méninges et surtout
« l'arachnoïde injectées, enflammées, toutes les
« membranes adhérentes entre elles, ou à la boîte
« osseuse, ou à la substance cérébrale même;
« quelquefois les poumons engorgés, enflammés,
« adhérens aux plèvres; la muqueuse de l'esto-
« mac toujours, à moins que le malade ne
« succombe dans les trente premières heures,
« enflammée, épaissie, désorganisée; le foie
« généralement volumineux, dur, engorgé; la
« rate elle-même plus grosse, ramollie, péné-
« trée d'un sang noir, grumeleux : tels sont les
« désordres généraux qu'offre l'autopsie des
« sujets qui ont succombé à la fièvre jaune. »

M. Lefort voudrait-il nous dire si c'est bien
par ses yeux, ou par ceux de ses employés,
qu'il a vu les désordres dont il nous trace le
tableau? Souvent nous avons dit à M. Lefort ce

que nous pensions des rapports de ses employés sur l'examen des cadavres. Combien nous regrettons, dans l'intérêt de la science, que M. Lefort n'ait pu douter un instant de l'infaillibilité de son opinion !

« Une céphalalgie sus-orbitaire plus ou moins
« violente , dit M. Léfort (p. 44), une peau brû-
« lante et sèche , un pouls généralement plein et
« dur, mais parfois déprimé, des douleurs dans
« les lombes et les membres inférieurs, de
« l'altération, une anxiété générale enfin : tels
« sont les symptômes qui annoncent le début de
« la fièvre jaune. »

On remarquera sans doute que les symptômes qui signalent pour M. Lefort l'invasion de la fièvre jaune sont également ceux qui signalent l'invasion de la plupart des maladies fébriles.

« Si, dit M. Lefort (p. 48), à une céphalalgie
« plus ou moins forte, à un pouls plein, dur et
« quelquefois déprimé , à une grande chaleur de
« la peau, se joignent des douleurs des membres
« inférieurs et surtout des articulations, et que
« ces divers symptômes se soient déclarés subite-
« ment, reconnaissez la fièvre jaune. »

On remarquera sans doute encore que les symptômes auxquels M. Lefort reconnaît la fièvre jaune sont également ceux auxquels on reconnaît la plupart des maladies fébriles.

6.

« Si cet ensemble de symptômes et d'altéra-
« tions organiques, ajoute M. Lefort (p. 44),
« n'indique pas l'emploi des évacuations san-
« guines, des anti-phlogistiques, etc., le médecin
« n'a plus de boussole, il ne faut plus chercher
« de règles dans la thérapeutique. »

Un médecin qui aurait acquis la conviction
que *l'emploi des évacuations sanguines, des anti-
phlogistiques*, etc., n'est indiqué ni par les symptômes qui constituent la maladie, ni par les
altérations que présentent les cadavres, cette
conviction pourrait fort bien lui servir *de boussole* dans la recherche de nouveaux moyens
thérapeutiques.

« La fièvre jaune, dit M. Lefort (p. 47), est
« une maladie éminemment inflammatoire. Ce
« n'est pas seulement l'estomac et les intestins
« qui sont le siège de cette terrible maladie,
« comme l'écrivent encore des médecins célè-
« bres de Paris, qui, à la vérité, n'ont point vu
« la maladie : les organes contenus dans les trois
« cavités splanchniques, sont souvent tous frappés
« durant son cours, ainsi que la nécropsie le
« fait voir. »

De ce qui précède et de ce qu'on trouve çà et
là dans le *Mémoire* de M. Lefort, il résulte que
le siège de l'inflammation qui, selon M. Lefort,
constitue la fièvre jaune, est tantôt dans les

organes de la tête, tantôt dans les organes de la poitrine, tantôt dans les organes de l'abdomen, tantôt dans tous ces organes à-la-fois. Or, les symptômes de l'inflammation des organes de la tête sont connus, et ces symptômes ne sont pas ceux de la fièvre jaune (1); les symptômes de l'inflammation des organes de la poitrine sont connus, et ces symptômes ne sont pas ceux de la fièvre jaune (2); les symptômes de l'inflammation des organes de l'abdomen sont connus, et ces symptômes ne sont pas ceux de la fièvre jaune (3); les symptômes de l'inflammation simultanée des organes de la tête, de la poitrine et de l'abdomen

(1) Le délire est très rare. La céphalalgie cesse avec la première période. Comme nous l'avons annoncé dans une *Notice* sur le traitement de la fièvre jaune (que nous avons adressée à un médecin de la capitale en 1821), on peut, par la compression des artères temporales, non-seulement la calmer, mais encore la faire cesser tout-à-fait.

(2) Dans la seconde période, la respiration est généralement embarrassée, parce que le sang stagne plus ou moins dans tous les organes, et les malades expectorent quelquefois du sang, parce que toutes les surfaces muqueuses en laissent ou peuvent en laisser échapper.

(3) La sensibilité de l'épigastre manque fort souvent. Elle n'existe que dans la première période. Elle n'est jamais telle que l'ont annoncé quelques auteurs.

Il ne faut pas confondre cette sensibilité de l'épigastre avec le malaise de la même région dans la seconde période, malaise dû à la distension de l'estomac par la matière noire et les gaz qui s'y forment, et qui cesse toutes les fois que le malade vomit.

sont connus, et ces symptômes ne sont pas ceux de la fièvre jaune (1).

L'opinion de la nature inflammatoire de la fièvre jaune nous fournit l'occasion de faire observer qu'il serait impossible d'obtenir chez les animaux, par l'irritation ou l'inflammation de *n'importe quel organe ou système d'organes,* aucun des phénomènes que présente la fièvre jaune. Or, remarquez que vous pouvez obtenir chez les animaux, par l'action sur le sang de certaines matières introduites dans les vaisseaux, plusieurs des phénomènes que présente la fièvre jaune.

« Dans ces jours d'épouvante, dit M. Lefort
« (p. 56), tel est par malheur le relâchement gé-
« néral, que les militaires, pour ainsi dire aban-
« donnés à eux-mêmes, courent les champs et la
« ville, s'y livrent à des excès, tombent malades
« sans en rien dire, et restent ainsi plusieurs
« jours dans la chambre ou dans leur hamac,

(1) Lorsque, dans la seconde période, il s'est infiltré ou épan-
ché beaucoup de sang à la surface ou dans l'intérieur des organes,
et que la maladie tend à la guérison, il peut arriver que les organes à la surface ou dans l'intérieur desquels ces infiltrations ou
épanchemens ont eu lieu, deviennent le siège d'une phlegmasie, ce
qui constitue une maladie absolument étrangère à la maladie pri-
mitive. Nous donnerons ailleurs quelques exemples de cette maladie bien remarquable sous divers rapports.

« *croyant que ce ne serait rien*, comme ils le di-
« sent tous. »

La nature de nos fonctions, que nous avons successivement remplies auprès de nos différentes garnisons de la Martinique et de la Guadeloupe, nous a mis à même de nous assurer que beaucoup des militaires dont parle M. Lefort, se guérissaient en ne mangeant pas, parce qu'ils n'avaient pas faim, et en ne buvant que de l'eau, parce qu'ils n'avaient pas autre chose.

« Malgré ses avantages de position, dit M. Le-
« fort (p. 57), la garnison du Fort-Bourbon a
« eu, proportionnellement, plus de malades et
« de morts que dans les autres casernes. »

Le respect que nous portons à l'autorité, ne nous permet pas de dire pourquoi *la garnison du Fort-Bourbon a eu, proportionnellement, plus de malades et de morts que dans les autres casernes.* Et puis d'ailleurs, nous ne pourrions le faire sans entrer dans des détails absolument étrangers à l'objet de cet écrit.

« La plupart des soldats de cette garnison, dit
« M. Lefort (p. 57), n'ont été apportés à l'hôpital
« qu'au second, au troisième et même au qua-
« trième jour de la maladie, et alors les principaux
« moyens de la combattre, ou n'étaient plus ap-
« plicables, ou ne produisaient que peu d'effets. »

En général, M. Lefort ne saignait pas les militaires qui lui arrivaient à une époque un peu avancée de la maladie. Or, personne n'a remarqué que M. Lefort perdît plus de ces militaires que de ceux qui lui arrivaient dès le début de la maladie, que de ceux même qui tombaient malades sous ses yeux, tels que les hommes qui étaient de garde ou de planton dans son hôpital, les hommes qui allaient dans son hôpital porter ou visiter leurs camarades malades, les hommes qui étaient retenus dans son hôpital pour des blessures ou diverses autres maladies.

« Notre nécrologie de 1825, dit M. Lefort
« (p. 58), est relativement moins forte que celle
« des années précédentes, que celle même des
« sept dernières années prises en masse. En effet,
« du mois de juillet 1818 au mois de février
« 1823, nous avons eu à traiter 1,982 hommes
« attaqués de la fièvre jaune, et nous en avons
« perdu 697. »

Le peu de temps que nos malades nous laissaient, nous l'avons consacré à visiter les malades de M. Lefort. Or, ou nous avons mal vu, ou si, en 1825, la *Nécrologie* de M. Lefort a été moins forte que les années précédentes, ce n'est que parce qu'en 1825, plus fréquemment que les années précédentes, M. Lefort appliquait son traitement à des maladies, ou qui n'étaient pas la fièvre jaune, ou qui n'en étaient que des

atteintes légères. Et si l'on voulait savoir com-
ment il se fait que M. Lefort applique son traitement à des maladies, ou qui ne sont pas la fièvre jaune, ou qui n'en sont que des atteintes légères, qu'on se rappelle : 1°, que les symptômes qui signalent pour M. Lefort l'invasion de la fièvre jaune, sont également ceux qui signalent l'invasion de la plupart des maladies fébriles ; 2°, que les symptômes auxquels M. Lefort reconnaît la fièvre jaune, sont également ceux auxquels on reconnaît la plupart des maladies fébriles.

« En 1825, dit M. Lefort (p. 58), nous avons
« traité en tout 1,464 hommes atteints de la fiè-
« vre jaune, et nous en avons perdu 388. »

Que sur 1,464 hommes atteints de la fièvre jaune, M. Lefort n'en ait perdu que 388, beaucoup de médecins en doutent avec nous. Que sur 1,464 hommes qu'il aurait fait saigner, M. Lefort n'en ait perdu que 388, c'est chose différente. Seulement nous remarquerons qu'il existait à l'hôpital de M. Lefort l'ordre de saigner sur-le-champ tout homme qui s'y présentait avec des symptômes fébriles (1). Ceci, pour le dire en passant, explique pourquoi parmi les malades qui sortent de l'hôpital de M. Lefort, après y avoir

______

(1) Les médecins qui fréquentaient l'hôpital de M. Lefort, savent que jamais ordre n'a été plus fidèlement exécuté.

été saignés pour la fièvre jaune, il en est tant qui ne peuvent se persuader qu'ils ont eu cette maladie.

« Cependant, dit M. Lefort (p. 58), notre ta-
« bleau général de mortalité pour 1825, offre
« 411 hommes morts de la fièvre jaune, au lieu
« de 388 que nous portons ici : c'est que vingt-
« trois sujets, traités en ville de la fièvre jaune,
« ont été apportés morts à notre hôpital, et por-
« tés sur l'état général comme s'ils y étaient dé-
« cédés. Nous les avons retranchés ici, ce qui
« ne porte notre propre perte qu'à 388. »

Les vingt-trois sujets dont il est question ont été traités par des officiers de santé employés sous les ordres de M. Lefort, et conséquemment d'après les conseils et le mode de traitement de leur chef. En appartiendraient-ils moins à M. Lefort, ces vingt-trois sujets, par la raison qu'ils ont été *traités en ville*, au lieu de l'avoir été à l'hôpital ? Il paraîtrait donc de toute justice que M. Lefort voulût bien ne point les retrancher de son *Tableau général de mortalité pour* 1825.

« Or, dit M. Lefort (p. 59), dans le nombre
« de 388, il faut comprendre 7 officiers du 49e,
« qui ont été traités en ville, et aussi apportés
« morts à l'hôpital. »

Il ne serait sans doute pas juste de mettre sur le compte de M. Lefort ces 7 officiers du 49e. Il est pourtant vrai de dire qu'à part deux de ces officiers (dont l'un est mort en quelques heures de maladie, et l'autre en quinze jours), les cinq autres avaient été traités d'après une méthode qui ne différait de celle de M. Lefort qu'en ce que les émissions sanguines par la lancette avaient été remplacées par des émissions sanguines par les sangsues.

« En résumé donc, dit M. Lefort (p. 59), 28
« officiers qui appartenaient au 49ᵉ, ont été trai-
« tés à l'hôpital dans le dernier semestre de 1825.
« Sur ces 28 officiers, 21 ont eu la fièvre jaune,
« et 6 en sont morts. »

La fièvre jaune était-elle bien caractérisée chez *tous* les 21 officiers que M. Lefort dit avoir eu cette maladie? Et si elle y était bien caractérisée, M. Lefort n'aurait-il pas obtenu sans la saignée les guérisons qu'il croit avoir obtenues par la saignée? Notre réponse à chacune de ces questions ne saurait être douteuse dans l'esprit du lecteur.

« Les 7 autres, ajoute M. Lefort (p. 59), ont
« eu des maladies diverses; et sur ces 7 malades,
« il en est mort un. »

C'est de la fièvre jaune qu'est mort l'officier dont M. Lefort ne désigne pas la maladie. M. Lefort aurait pu s'en assurer, si ses occupations lui avaient permis d'assister à l'ouverture du cadavre.

« Sur un effectif, dit M. Lefort (p. 62), d'en-
« viron 1,200 hommes, le 49 n'a eu que 43 sol-
« dats et 4 ou 5 officiers qui n'ont point été ma-
« lades. »

M. Lefort voudrait-il faire entendre qu'excepté
ces 43 *soldats* et ces 4 *ou* 5 *officiers*, le reste du
régiment a eu la fièvre jaune ? Si telle était la
pensée de M. Lefort, il nous faudrait bien dire
qu'avec des malades atteints de la fièvre jaune,
le régiment fournissait aussi des malades atteints
de diverses autres maladies. Nous remarquerons
que, même hors des temps d'épidémie, nos
corps de troupes en garnison aux Antilles, fournissent toujours plus d'hommes à l'hôpital qu'en
France, parce que le hamac, qu'on y a adopté pour
le coucher du soldat, ne permet pas de traiter
à la chambre la plus légère indisposition.

Ici se termine notre *Réponse* au *Mémoire* de
M. Lefort. Obligés de répondre aux attaques
d'un médecin que nous estimons, et auquel
nous avons été unis par des relations d'amitié,
nous l'avons fait avec tous les égards possibles.
C'était le but que nous nous étions proposé.
Il ne nous reste qu'à exprimer le regret d'avoir
été entraînés dans une polémique dont la
science ne retirera aucun fruit.

FIN.

www.ingramcontent.com/pod-product-compliance
Ingram Content Group UK Ltd.
Pitfield, Milton Keynes, MK11 3LW, UK
UKHW022106070726
13613UKWH00002B/963